H. v. Kleist · Berliner Ausgabe · Die Verlobung in St. Domingo

H. v. Kleist
Sämtliche Werke
Berliner Ausgabe

herausgegeben von
Roland Reuß und Peter Staengle

Stroemfeld/Roter Stern

Band II/4
Die Verlobung in St. Domingo

herausgegeben von
Roland Reuß
in Zusammenarbeit mit
Peter Staengle

Die Verlobung in St. Domingo.

Zu Port au Prince, auf dem französischen Antheil der Insel St. Domingo, lebte, zu Anfange dieses Jahrhunderts, als die Schwarzen die Weißen ermordeten, auf der Pflanzung des Hrn. Guillaume von Villeneuve, ein fürchterlicher alter Neger, Namens Congo Hoango. Dieser von der Goldküste von Afrika herstammende Mensch, der in seiner Jugend von treuer und rechtschaffener Gemüthsart schien, war von seinem Herrn, weil er ihm einst auf einer Überfahrt nach Cuba das Leben gerettet hatte, mit unendlichen Wohlthaten überhäuft worden. Nicht nur, daß Hr. Guillaume ihm auf der Stelle seine Freiheit schenkte, und ihm, bei seiner Rückkehr nach St. Domingo, Haus und Hof anwies; er machte ihn sogar, einige Jahre darauf, gegen die Gewohnheit des Landes, zum

---

1 Die Verlobung in St. Domingo.] Die Verlobung. *F s*
3 Domingo,] Domingo *s*
7 Namens] Nahmens *s*
12 einst] einst, *F s* Cuba] Cuba, *F s*
16 Freiheit] Freyheit *s* bei] bey *s*
17 St. Domingo,] St. Domingo; *s*

Aufseher seiner beträchtlichen Besitzung, und legte ihm, weil er nicht wieder heirathen wollte, an Weibes Statt eine alte Mulattinn, Namens Babekan, aus seiner Pflanzung bei, mit welcher er durch seine erste verstorbene Frau weitläuftig verwandt war. Ja, als der Neger sein sechzigstes Jahr erreicht hatte, setzte er ihn mit einem ansehnlichen Gehalt in den Ruhestand und krönte seine Wohlthaten noch damit, daß er ihm in seinem Vermächtniß sogar ein Legat auswarf; und doch konnten alle diese Beweise von Dankbarkeit Hrn. Villeneuve vor der Wuth dieses grimmigen Menschen nicht schützen. Congo Hoango war, bei dem allgemeinen Taumel der Rache, der auf die unbesonnenen Schritte des National-Convents in diesen Pflanzungen aufloderte, einer der Ersten, der die Büchse ergriff, und, eingedenk der Tyrannei, die ihn seinem Vaterlande entrissen hatte, seinem Herrn die Kugel durch den Kopf jagte. Er steckte das Haus, worein die Gemahlinn desselben mit ihren drei Kindern und den übrigen Weißen der

---

4 Namens] Nahmens *s* Pflanzung] Pflanzung, *F s*
   bei] bey *s*
14 bei] bey *s*
19 Tyrannei] Tyranney *s*
23 drei] drey *s*

Niederlassung sich geflüchtet hatte, in Brand, verwüstete die ganze Pflanzung, worauf die Erben, die in Port au Prince wohnten, hätten Anspruch machen können, und zog, als sämmtliche zur Besitzung gehörige Etablissements der Erde gleich gemacht waren, mit den Negern, die er versammelt und bewaffnet hatte, in der Nachbarschaft umher, um seinen Mitbrüdern in dem Kampfe gegen die Weißen beizustehen. Bald lauerte er den Reisenden auf, die in bewaffneten Haufen das Land durchkreuzten; bald fiel er am hellen Tage die in ihren Niederlassungen verschanzten Pflanzer selbst an, und ließ Alles, was er darin vorfand, über die Klinge springen. Ja, er forderte, in seiner unmenschlichen Rachsucht, sogar die alte Babekan mit ihrer Tochter, einer jungen funfzehnjährigen Mestize, Namens Toni, auf, an diesem grimmigen Kriege, bei dem er sich ganz verjüngte, Antheil zu nehmen; und weil das Hauptgebäude der Pflanzung, das er jetzt bewohnte, einsam an der Landstraße lag und sich häufig, wäh-

10	beizustehen] beyzustehen *s*	18	funfzehnjährigen] fünfzehnjährigen *s*
12	durchkreuzten] durchkreutzten *s*	19	Namens] Nahmens *s*
16	forderte,] forderte *F s*	20	bei] bey *s*
16-17	Rachsucht,] Rachsucht *F s*		

rend seiner Abwesenheit, weiße oder kreolische Flüchtlinge einfanden, welche darin Nahrung oder ein Unterkommen suchten, so unterrichtete er die Weiber, diese weißen Hunde, wie er sie nannte, mit Unterstützungen und Gefälligkeiten bis zu seiner Wiederkehr hinzuhalten. Babekan, welche in Folge einer grausamen Strafe, die sie in ihrer Jugend erhalten hatte, an der Schwindsucht litt, pflegte in solchen Fällen die junge Toni, die, wegen ihrer ins Gelbliche gehenden Gesichtsfarbe, zu dieser gräßlichen List besonders brauchbar war, mit ihren besten Kleidern auszuputzen; sie ermunterte dieselbe, den Fremden keine Liebkosung zu versagen, bis auf die letzte, die ihr bei Todesstrafe verboten war: und wenn Congo Hoango mit seinem Negertrupp von den Streifereien, die er in der Gegend gemacht hatte, wiederkehrte, war unmittelbarer Tod das Loos der Armen, die sich durch diese Künste hatten täuschen lassen.

Nun weiß jedermann, daß im Jahr 1803, als der General Dessalines mit 30,000 Negern

---

11 ins] in's *s*   gehenden] gehende *E*
16 bei] bey *s*   verboten] verbothen *s*
17 war:] war; *F s*

18 Streifereien] Streifereyen *s*
22 jedermann] Jedermann *s*

gegen Port au Prince vorrückte, Alles, was die weiße Farbe trug, sich in diesen Platz warf, um ihn zu vertheidigen. Denn er war der letzte Stützpunkt der französischen Macht auf dieser Insel, und wenn er fiel, waren alle Weißen, die sich darauf befanden, sämmtlich ohne Rettung verloren. Demnach traf es sich, daß gerade in der Abwesenheit des alten Hoango, der mit den Schwarzen, die er um sich hatte, aufgebrochen war, um dem General Dessalines mitten durch die französischen Posten einen Transport von Pulver und Blei zuzuführen, in der Finsterniß einer stürmischen und regnigten Nacht, jemand an die hintere Thür seines Hauses klopfte. Die alte Babekan, welche schon im Bette lag, erhob sich, öffnete, einen bloßen Rock um die Hüften geworfen, das Fenster, und fragte: wer da sei? „Bei Maria und allen Heiligen," sagte der Fremde leise, indem er sich unter das Fenster stellte: „beantwortet mir, ehe ich euch dies entdecke, eine Frage!" Und damit streckte er, durch die Dunkelheit der Nacht, seine Hand aus, um die Hand der Alten zu ergreifen, und fragte: „seid ihr eine Negerinn?" Babekan sagte: „nun, ihr seid gewiß ein Weißer, daß ihr dieser stockfinstern Nacht lieber ins Antlitz schaut, als einer Negerinn! Kommt herein, setzte sie hinzu, und fürchtet nichts; hier wohnt eine Mulattinn, und die Einzige, die sich außer mir noch im Hause befindet, ist meine Tochter, eine Mestize! Und damit machte sie das Fenster zu, als wollte sie hinabsteigen und ihm die Thür öffnen; schlich aber, unter dem Vorwand, daß sie den Schlüssel nicht sogleich finden könne, mit einigen Kleidern, die sie schnell aus dem Schrank zusammenraffte, in die Kammer hinauf und weckte ihre Tochter. „Toni!" sprach sie: „Toni!" — Was giebts, Mutter? — „Geschwind!" sprach sie. „Aufgestanden und dich angezogen! Hier sind Kleider, weiße Wäsche und Strümpfe! Ein Weißer, der verfolgt wird, ist vor der Thür und begehrt eingelassen zu werden!" — Toni fragte: ein Weißer? indem sie sich halb im Bett aufrichtete.

2	seid] Seyd *s*	10	wollte] wolle *s*
3	seid] seyd *s*	10-11	hinabsteigen] hinab steigen *s*
4	ins] ihr *s*	11	Thür] Thüre *F s*
5-6	herein, setzte sie hinzu, und] herein," ⟨...⟩, „und *s*	15	zusammenraffte] zusammen raffte *s*
7	Mulattinn,] Mulattinn; *s* Einzige] einzige *s*	17	giebts] gibt's *s*
9	Mestize!] Mestize!" *s*	23	Bett] Bette *s*

Sie nahm die Kleider, welche die Alte in der Hand hielt, und sprach: ist er auch allein, Mutter? Und haben wir, wenn wir ihn einlassen, nichts zu befürchten? — „Nichts, nichts!" versetzte die Alte, indem sie Licht anmachte: „er ist ohne Waffen und allein, und Furcht, daß wir über ihn herfallen möchten, zittert in allen seinen Gebeinen!" Und damit, während Toni aufstand und sich Rock und Strümpfe anzog, zündete sie die große Laterne an, die in dem Winkel des Zimmers stand, band dem Mädchen geschwind das Haar, nach der Landesart, über dem Kopf zusammen, bedeckte sie, nachdem sie ihr den Latz zugeschnürt hatte, mit einem Hut, gab ihr die Laterne in die Hand und befahl ihr, auf den Hof hinab zu gehen und den Fremden herein zu holen.

Inzwischen war auf das Gebell einiger Hofhunde ein Knabe, Namens Nanky, den Hoango auf unehelichem Wege mit einer Negerinn erzeugt hatte, und der mit seinem Bruder Seppy in den Nebengebäuden schlief, er-

11 Laterne] Latetne *E*
13 Kopf] Kopfe *s*
15 Hut] Huth *F*
18 holen] hohlen *s*
20 Namens] Nahmens *s*
23 Seppy] Suppy *F s*

wacht; und da er beim Schein des Mondes einen einzelnen Mann auf der hinteren Treppe des Hauses stehen sah: so eilte er sogleich, wie er in solchen Fällen angewiesen war, nach dem Hofthor, durch welches derselbe hereingekommen war, um es zu verschließen. Der Fremde, der nicht begriff, was diese Anstalten zu bedeuten hatten, fragte den Knaben, den er mit Entsetzen, als er ihm nahe stand, für einen Negerknaben erkannte: wer in dieser Niederlassung wohne? und schon war er auf die Antwort desselben: „daß die Besitzung, seit dem Tode Hrn. Villeneuves dem Neger Hoango anheim gefallen," im Begriff, den Jungen niederzuwerfen, ihm den Schlüssel der Hofpforte, den er in der Hand hielt, zu entreißen und das weite Feld zu suchen, als Toni, die Laterne in der Hand, vor das Haus hinaus trat. „Geschwind!" sprach sie, indem sie seine Hand ergriff und ihn nach der Thür zog: „hier hierein!" Sie trug Sorge, indem sie dies sagte, das Licht so zu stellen, daß der volle Strahl davon auf ihr Gesicht fiel.

1	beim] beym *s*	13	Villeneuves] Villeneuve *F s*
2	hinteren] hintern *F s*	14	Begriff,] Begriff *s*
5-6	hereingekommen] herein gekommen *s*	21	hierein] herein *F s*
12	desselben:] desselben, *s*	22	dies] dieß *s*
12-13	Besitzung,] Besitzung *F s*		

— Wer bist Du? rief der Fremde sträubend, indem er, um mehr als einer Ursache willen betroffen, ihre junge liebliche Gestalt betrachtete. Wer wohnt in diesem Hause, in welchem ich, wie Du vorgiebst, meine Rettung finden soll? — „Niemand, bei dem Licht der Sonne," sprach das Mädchen, „als meine Mutter und ich!" und bestrebte und beeiferte sich, ihn mit sich fortzureißen. Was, niemand! rief der Fremde, indem er, mit einem Schritt rückwärts, seine Hand losriß: hat mir dieser Knabe nicht eben gesagt, daß ein Neger, Namens Hoango, darin befindlich sey? — „Ich sage, nein!" sprach das Mädchen, indem sie, mit einem Ausdruck von Unwillen, mit dem Fuß stampfte; „und wenn gleich einem Wütherich, der diesen Namen führt, das Haus gehört: abwesend ist er in diesem Augenblick und auf zehn Meilen davon entfernt!" Und damit zog sie den Fremden mit ihren beiden Händen in das Haus hinein, befahl dem Knaben, keinem Menschen zu sagen, wer angekommen sei, ergriff,

1 Du?] Du?" *s*
4 Wer] „Wer *s*
5 vorgiebst] vorgibst *s*
6 soll?] soll?" *s* bei] bey *s*
13 Namens] Nahmens *s*

14 sage,] sage *s*
17 Namen] Nahmen *s*
21 beiden] beyden *s*
23 sei] sey *s*

nachdem sie die Thür erreicht, des Fremden Hand und führte ihn die Treppe hinauf, nach dem Zimmer ihrer Mutter.

„Nun," sagte die Alte, welche das ganze Gespräch, von dem Fenster herab, mit angehört und bei dem Schein des Lichts bemerkt hatte, daß er ein Offizier war: „was bedeutet der Degen, den ihr so schlagfertig unter eurem Arme tragt? Wir haben euch," setzte sie hinzu, indem sie sich die Brille aufdrückte, „mit Gefahr unseres Lebens eine Zuflucht in unserm Hause gestattet; seid ihr herein gekommen, um diese Wohlthat, nach der Sitte eurer Landsleute, mit Verrätherei zu vergelten?" — Behüte der Himmel! erwiederte der Fremde, der dicht vor ihren Sessel getreten war. Er ergriff die Hand der Alten, drückte sie an sein Herz, und indem er, nach einigen im Zimmer schüchtern umhergeworfenen Blicken, den Degen, den er an der Hüfte trug, abschnallte, sprach er: Ihr seht den elendesten der Menschen, aber keinen undankbaren und schlechten vor euch! — „Wer

---

3 Mutter.] Mutter. (Die Fortsetzung folgt.) *F s*
4 „Nun] Die Verlobung. (Fortsetzung.) „Nun *F* Die Verlobung. (Fortsetzung). „Nun *s*
6 bei] bey *s*
7 Offizier] Officier *s*
8 ihr] Ihr *s*
9 tragt? Wir] tragt?" „Wir *F* euch] Euch *s*
11 unseres] unsers *F s*
12 seid ihr] seyd Ihr *s*
14 eurer] Eurer *s*   Verrätherei] Verrätherey *s*
15 Behüte] Behüthe *s*   erwiederte] erwiderte *F*
19 umhergeworfenen] umher geworfenen *s*
23 euch] Euch *s*

seid ihr?" fragte die Alte; und damit schob sie ihm mit dem Fuß einen Stuhl hin, und befahl dem Mädchen, in die Küche zu gehen, und ihm, so gut es sich in der Eil thun ließ, ein Abendbrod zu bereiten. Der Fremde erwiderte: ich bin ein Offizier von der französischen Macht, obschon, wie ihr wohl selbst urtheilt, kein Franzose; mein Vaterland ist die Schweiz und mein Name Gustav von der Ried. Ach, hätte ich es niemals verlassen und gegen dies unselige Eiland vertauscht! Ich komme von Fort Dauphin, wo, wie ihr wißt, alle Weißen ermordet worden sind, und meine Absicht ist, Port au Prince zu erreichen, bevor es dem General Dessalines noch gelungen ist, es mit den Truppen, die er anführt, einzuschließen und zu belagern. — „Von Fort Dauphin!" rief die Alte. „Und es ist euch mit eurer Gesichtsfarbe geglückt, diesen ungeheuren Weg, mitten durch ein in Empörung begriffenes Mohrenland, zurückzulegen?" Gott und alle Heiligen, erwiederte der Fremde, haben mich beschützt! — Und ich bin nicht allein, gutes

1	seid ihr] seyd Ihr *s*	11	Eiland] Eyland *s* von] vom *F s*
3	Mädchen,] Mädchen *s*	12	ihr] Ihr *s*
5	Abendbrod] Abendbrodt *F*	14	erreichen,] erreichen; *s*
5-6	erwiderte] erwiederte *s*	17	Von] Vom *F s*
6	Offizier] Officier *s* französchen] französischen *E*	18	euch] Euch *s* eurer] Eurer *s*
7	ihr] Ihr *s* wohl] wol *F*	19	ungeheuren] ungeheurn *F*
8	Schweiz] Schweitz *s*	21	zurückzulegen] zurück zu legen *s*
9	Name] Nahme *s*	22	erwiederte] erwiderte *F*
10	niemals] niemahls *s* dies] dieß *s*		

Mütterchen; in meinem Gefolge, das ich zurückgelassen, befindet sich ein ehrwürdiger alter Greis, mein Oheim, mit seiner Gemahlinn und fünf Kindern; mehrere Bediente und Mägde, die zur Familie gehören, nicht zu erwähnen; ein Troß von zwölf Menschen, den ich, mit Hülfe zweier elenden Maulesel, in unsäglich mühevollen Nachtwanderungen, da wir uns bei Tage auf der Heerstraße nicht zeigen dürfen, mit mir fortführen muß. „Ei, mein Himmel!" rief die Alte, indem sie, unter mitleidigem Kopfschütteln, eine Prise Tabak nahm. „Wo befindet sich denn in diesem Augenblick eure Reisegesellschaft?" — Euch, versetzte der Fremde, nachdem er sich ein wenig besonnen hatte: euch kann ich mich anvertrauen; aus der Farbe eures Gesichts schimmert mir ein Strahl von der meinigen entgegen. Die Familie befindet sich, daß ihr es wißt, eine Meile von hier, zunächst dem Möwenweiher, in der Wildniß der angrenzenden Gebirgswaldung: Hunger und Durst zwangen uns vorgestern, diese Zuflucht auf-

---

1-2	zurückgelassen] zurück gelassen *s*	17	eures] Eures *s*
7	zweier] zweyer *s*	19	ihr] Ihr *s*
9	bei] bey *s*	21	Möwenweiher] Möwenweyher *s*
10	fortführen] fort führen *s* Ei] Ey *s*	21-22	angrenzenden] angränzenden *s*
12	Prise] Priese *E*	23	vorgestern, diese Zuflucht] vorgestern diesen Zufluchtsort *s*
16	euch] Euch *s*		

zusuchen. Vergebens schickten wir in der verflossenen Nacht unsere Bedienten aus, um ein wenig Brod und Wein bei den Einwohnern des Landes aufzutreiben; Furcht, ergriffen und getödtet zu werden, hielt sie ab, die entscheidenden Schritte deshalb zu thun, dergestalt, daß ich mich selbst heute mit Gefahr meines Lebens habe aufmachen müssen, um mein Glück zu versuchen. Der Himmel, wenn mich nicht Alles trügt, fuhr er fort, indem er die Hand der Alten drückte, hat mich mitleidigen Menschen zugeführt, die jene grausame und unerhörte Erbitterung, welche alle Einwohner dieser Insel ergriffen hat, nicht theilen. Habt die Gefälligkeit, mir für reichlichen Lohn einige Körbe mit Lebensmitteln und Erfrischungen anzufüllen; wir haben nur noch fünf Tagereisen bis Port au Prince, und wenn ihr uns die Mittel verschafft, diese Stadt zu erreichen, so werden wir euch ewig als die Retter unseres Lebens ansehen. — „Ja, diese rasende Erbitterung," heuchelte die Alte. „Ist es nicht, als ob die

3   Brod] Brodt *F*   bei] bey *s*
6   deshalb] deßhalb *s*
19 ihr] Ihr *s*

21 euch] Euch *s*   unseres] unsers *F s*
23 heuchelte] häuchelte *s*

Hände Eines Körpers, oder die Zähne Eines Mundes gegen einander wüthen wollten, weil das Eine Glied nicht geschaffen ist, wie das andere? Was kann ich, deren Vater aus St. Jago, von der Insel Cuba war, für den Schimmer von Licht, der auf meinem Antlitz, wenn es Tag wird, erdämmert? Und was kann meine Tochter, die in Europa empfangen und geboren ist, dafür, daß der volle Tag jenes Welttheils von dem ihrigen wiederscheint?" — Wie? rief der Fremde. Ihr, die ihr nach eurer ganzen Gesichtsbildung eine Mulattinn, und mithin afrikanischen Ursprungs seid, ihr wäret sammt der lieblichen jungen Mestize, die mir das Haus aufmachte, mit uns Europäern in Einer Verdammniß? — „Beim Himmel!" erwiderte die Alte, indem sie die Brille von der Nase nahm; „meint ihr, daß das kleine Eigenthum, das wir uns in mühseligen und jammervollen Jahren durch die Arbeit unserer Hände erworben haben, dies grimmige, aus der Hölle stammende Räubergesindel nicht reizt? Wenn wir uns nicht durch

5	Cuba] Cuba, *F s*	14-15	Mestize, die] Mestize, eurer Tochter, die *F*
10-11	wiederscheint?" — Wie] widerscheint?" — Wie *F*		Mestize, Eurer Tochter, die *s*
	widerscheint?" Wie *s*	16	„Beim] Beym *s*
11	ihr] Ihr *s*	17	erwiderte] erwiederte *s*
11-12	eurer] Eurer *s*	18	ihr] Ihr *s*
13	seid] seyd *s* ihr] Ihr *s*	21	dies] dieß *s*
		23	reizt] reitzt *s*

List und den ganzen Inbegriff jener Künste, die die Nothwehr dem Schwachen in die Hände giebt, vor ihrer Verfolgung zu sichern wüßten: der Schatten von Verwandtschaft, der über unsere Gesichter ausgebreitet ist, der, könnt ihr sicher glauben, thut es nicht!" — Es ist nicht möglich! rief der Fremde; und wer auf dieser Insel verfolgt euch? „Der Besitzer dieses Hauses," antwortete die Alte: „der Neger Congo Hoango! Seit dem Tode Hrn. Guillaumes, des vormaligen Eigenthümers dieser Pflanzung, der durch seine grimmige Hand beim Ausbruch der Empörung fiel, sind wir, die wir ihm als Verwandte die Wirthschaft führen, seiner ganzen Willkühr und Gewaltthätigkeit preis gegeben. Jedes Stück Brod, jeden Labetrunk, den wir aus Menschlichkeit Einem oder dem Andern der weißen Flüchtlinge, die hier zuweilen die Straße vorüberziehen, gewähren, rechnet er uns mit Schimpfwörtern und Mißhandlungen an; und nichts wünscht er mehr, als die Rache der Schwarzen über uns weiße und kreoli-

---

3   giebt] gibt *s*
6   ihr] Ihr *s*
7   möglich!] möglich, *s*
8   euch] Euch *s*
11 vormaligen] vormahligen *s*
13 beim] beym *s*

16 preis] Preis *s*
17 Brod] Brodt *F*   jeden] jeder *F s*   Labetrunk,] Labetrunk *E*
18 Einem oder dem Andern] Einem *F s*
20 vorüberziehen] vorüber ziehen *s*

sche Halbhunde, wie er uns nennt, hereinhetzen zu können, theils um unserer überhaupt, die wir seine Wildheit gegen die Weißen tadeln, los zu werden, theils, um das kleine Eigenthum, das wir hinterlassen würden, in Besitz zu nehmen." — Ihr Unglücklichen! sagte der Fremde; ihr Bejammernswürdigen! — Und wo befindet sich in diesem Augenblick dieser Wütherich? „Bei dem Heere des Generals Dessalines," antwortete die Alte, „dem er, mit den übrigen Schwarzen, die zu dieser Pflanzung gehören, einen Transport von Pulver und Blei zuführt, dessen der General bedürftig war. Wir erwarten ihn, falls er nicht auf neue Unternehmungen auszieht, in zehn oder zwölf Tagen zurück; und wenn er alsdann, was Gott verhüten wolle, erführe, daß wir einem Weißen, der nach Port au Prince wandert, Schutz und Obdach gegeben, während er aus allen Kräften an dem Geschäft Theil nimmt, das ganze Geschlecht derselben von der Insel zu vertilgen, wir wären Alle, das könnt ihr glauben, Kinder des Todes." Der

1-2 hereinhetzen] herein hetzen *s*
2 theils] Theils *s*
4 theils] Theils *s*
7 Fremde;] Fremde, *F s*   ihr] Ihr *s*
8-9 Augenblick dieser] Augenblicke der *s*

9 Bei] Bey *s*
13 Blei] Bley *s*
17 verhüten] verhühten *s*
20 Geschäft] Geschäfft *F*   Geschäfte *s*
23 ihr] Ihr *s*

Himmel, der Menschlichkeit und Mitleiden liebt, antwortete der Fremde, wird euch in dem, was ihr einem Unglücklichen thut, beschützen! — Und weil ihr euch, setzte er, indem er der Alten näher rückte, hinzu, einmal in diesem Falle des Negers Unwillen zugezogen haben würdet, und der Gehorsam, wenn ihr auch dazu zurückkehren wolltet, euch fürderhin zu nichts helfen würde; könnt ihr euch wohl, für jede Belohnung, die ihr nur verlangen mögt, entschließen, meinem Oheim und seiner Familie, die durch die Reise aufs Äußerste angegriffen sind, auf einen oder zwei Tage in eurem Hause Obdach zu geben, damit sie sich ein wenig erholen? — „Junger Herr!" sprach die Alte betroffen, „was verlangt ihr da? Wie ist es, in einem Hause, das an der Landstraße liegt, möglich, einen Troß von solcher Größe, als der eurige ist, zu beherbergen, ohne daß er den Einwohnern des Landes verrathen würde?" — Warum nicht? versetzte der Fremde dringend: wenn ich sogleich selbst an den Möwenweiher hinausgin-

---

2	euch] Euch *s*		12	aufs] auf's *F s*
3	ihr] Ihr *s*		13	einen] ein *F s* zwei] zwey *s*
4	Und] und *s* ihr euch] Ihr Euch *s*		14	eurem] Eurem *s*
5	einmal] einmahl *s*		15	erholten] erholten *s*
8	ihr] Ihr *s* zurückkehren] zurück kehren *s*		17	ihr] Ihr *s*
	euch] Euch *s*		19	eurige ist,] Eurige ist; *s*
9	könnt] könntet *F s* ihr euch] Ihr Euch *s*		19-20	beherbergen] verbergen *F s*
10	ihr] Ihr *s*		23-1	hinausginge] hinausgienge *F* hinaus ginge *s*

ge, und die Gesellschaft, noch vor Anbruch des Tages, in die Niederlassung einführte; wenn man Alles, Herrschaft und Dienerschaft, in einem und demselben Gemach des Hauses unterbrächte, und, für den schlimmsten Fall, etwa noch die Vorsicht gebrauchte, Thüren und Fenster desselben sorgfältig zu verschließen? — Die Alte erwiederte, nachdem sie den Vorschlag während einiger Zeit erwogen hatte: „daß, wenn er, in der heutigen Nacht, unternehmen wollte, den Troß aus seiner Bergschlucht in die Niederlassung einzuführen, er, bei der Rückkehr von dort, unfehlbar auf einen Trupp bewaffneter Neger stoßen würde, der, durch einige vorangeschickte Schützen, auf der Heerstraße angesagt worden wäre." — Wohlan! versetzte der Fremde: so begnügen wir uns, für diesen Augenblick, den Unglücklichen einen Korb mit Lebensmitteln zuzusenden, und sparen das Geschäft, sie in die Niederlassung einzuführen, für die nächstfolgende Nacht auf. Wollt ihr, gutes Mütterchen, das thun? — „Nun,"

3-4 Dienerschaft,] Dienerschaft *s*
8   erwiederte] erwiderte *F*
13   bei] bey *s*
15-16 vorangeschickte] voran geschickte *s*
17   wäre." –] wäre." – (Die Fortsetzung folgt.) *F*

wäre." (Die Fortsetzung folgt.) *s* ⟨Danach in *F* und *s* Neueinsatz:⟩ Die Verlobung. (Fortsetzung.)
Wohlan!] Wohlan; *s*
22   nächstfolgende] nächst folgende *s*
23   ihr] Ihr *s*

sprach die Alte, unter vielfachen Küssen, die von den Lippen des Fremden auf ihre knöcherne Hand niederregneten: um des Europäers, meiner Tochter Vater willen, will ich euch, seinen bedrängten Landsleuten, diese Gefälligkeit erweisen. Setzt euch beim Anbruch des morgenden Tages hin, und ladet die Eurigen in einem Schreiben ein, sich zu mir in die Niederlassung zu verfügen; der Knabe, den ihr im Hofe gesehen, mag ihnen das Schreiben mit einigem Mundvorrath überbringen, die Nacht über zu ihrer Sicherheit in den Bergen verweilen, und dem Trosse beim Anbruch des nächstfolgenden Tages, wenn die Einladung angenommen wird, auf seinem Wege hierher zum Führer dienen."

Inzwischen war Toni mit einem Mahl, das sie in der Küche bereitet hatte, wiedergekehrt, und fragte die Alte mit einem Blick auf den Fremden, schäkernd, indem sie den Tisch deckte: Nun, Mutter, sagt an! Hat sich der Herr von dem Schreck, der ihn vor der Thür ergriff, erholt? Hat er sich überzeugt,

3 niederregneten] nieder regneten *s* um] „um *s*
5 euch] Euch *s*
6 euch beim] Euch bey'm *s*
10 ihr] Ihr *s*
13 Trosse] Troße *s*
14 beim] beym *s* nächstfolgenden] nächst folgenden *s*
17 Mahl] Mahle *s*
20 Fremden,] Fremden *F s* schäkernd] schäckernd *s*
23 erholt] erhohlt *s*

daß weder Gift noch Dolch auf ihn warten, und daß der Neger Hoango nicht zu Hause ist? Die Mutter sagte mit einem Seufzer: mein Kind, der Gebrannte scheut, nach dem Sprichwort, das Feuer. Der Herr würde thöricht gehandelt haben, wenn er sich früher in das Haus hineingewagt hätte, als bis er sich von dem Volksstamm, zu welchem seine Bewohner gehören, überzeugt hatte." Das Mädchen stellte sich vor die Mutter, und erzählte ihr: wie sie die Laterne so gehalten, daß ihr der volle Strahl davon ins Gesicht gefallen wäre. Aber seine Einbildung, sprach sie, war ganz von Mohren und Negern erfüllt; und wenn ihm eine Dame von Paris oder Marseille die Thüre geöffnet hätte, er würde sie für eine Negerin gehalten haben. Der Fremde, indem er den Arm sanft um ihren Leib schlug, sagte verlegen: daß der Hut, den sie aufgehabt, ihn verhindert hätte, ihr ins Gesicht zu schaun. Hätte ich dir, fuhr er fort, indem er sie lebhaft an seine Brust drückte, ins Auge sehen können, so wie ich es jetzt kann:

4	mein] „mein *s*		17	Negerin] Negerinn *F s*
5-6	thöricht] thörigt *F*		19	Hut] Huth *F*
7	hineingewagt] hinein gewagt *s*		20	ins] in's *s*
8	Volksstamm] Völkerstamm *F s*		21	schaun] schauen *s*
12	ins] in's *s*		22	ins] in's *s*
16	Thüre] Thür *F s*			

so hätte ich, auch wenn alles übrige an dir schwarz gewesen wäre, aus einem vergifteten Becher mit dir trinken wollen. Die Mutter nöthigte ihn, der bei diesen Worten roth geworden war, sich zu setzen, worauf Toni sich neben ihm an der Tafel niederließ, und mit aufgestützten Armen, während der Fremde aß, in sein Antlitz sah. Der Fremde fragte sie: wie alt sie wäre? und wie ihre Vaterstadt hieße? worauf die Mutter das Wort nahm und ihm sagte: „daß Toni vor funfzehn Jahren auf einer Reise, welche sie mit der Frau des Hrn. Villeneuve, ihres vormaligen Prinzipals, nach Europa gemacht hätte, in Paris von ihr empfangen und gebohren worden wäre. Sie setzte hinzu, daß der Neger Komar, den sie nachher geheirathet, sie zwar an Kindes statt angenommen hätte, daß ihr Vater aber eigentlich ein reicher Marseiller Kaufmann, Namens Bertrand wäre, von dem sie auch Toni Bertrand hieße." — Toni fragte ihn: ob er einen solchen Herrn in Frankreich kenne? Der Fremde erwiederte: nein! das Land wäre

1	übrige] Übrige *s* dir] Dir *F s*	16	Komar] Kolmar *F s*
3	dir] Dir *F s*	17	statt] Statt *s*
4	bei] bey *s*	18	daß] das *E*
9-10	hieße?] hieße: *F s*	19	Namens] Nahmens *s*
12	Hrn.] Herrn *s*	23	das] Das *F s*
13	vormaligen Prinzipals] vormahligen Principals *s*		
15	gebohren worden wäre.] gebohren wäre. *F* geboren wäre." *s*		

groß, und während des kurzen Aufenthalts, den er bei seiner Einschiffung nach Westindien darin genommen, sey ihm keine Person dieses Namens vorgekommen. Die Alte versetzte, daß Hr. Bertrand auch, nach ziemlich sicheren Nachrichten, die sie eingezogen, nicht mehr in Frankreich befindlich sey. Sein ehrgeiziges und aufstrebendes Gemüth, sprach sie, gefiel sich in dem Kreis bürgerlicher Thätigkeit nicht; er mischte sich beim Ausbruch der Revolution in die öffentlichen Geschäfte, und ging im Jahr 1795 mit einer französischen Gesandschaft an den türkischen Hof, von wo er, meines Wissens, bis diesen Augenblick noch nicht zurückgekehrt ist. Der Fremde sagte lächelnd zu Toni, indem er ihre Hand faßte: daß sie ja in diesem Falle ein vornehmes und reiches Mädchen wäre. Er munterte sie auf, diese Vortheile geltend zu machen, und meinte, daß sie Hoffnung hätte, noch einmal an der Hand ihres Vaters in glänzendere Verhältnisse, als in denen sie jetzt lebte, eingeführt zu werden!

1	Aufenthalts] Aufenthaltes *F s*	10	beim] beym *s*
2	bei] bey *s*	12	ging] gieng *F*
4	Namens] Nahmens *s*	13	Gesandschaft] Gesandtschaft *s*
4-5	versetzte, daß] versetzte daß *E* versetzte, „daß *s*	16	ist.] ist." *s*
8	ehrgeiziges] ehrgeitziges *s* Gemüth,] Gemüth," *s*	21	einmal] einmahl *s*
9	gefiel] „gefiel *s*		

„Schwerlich," versetzte die Alte mit unterdrückter Empfindlichkeit. „Herr Bertrand läugnete mir, während meiner Schwangerschaft zu Paris, aus Scham vor einer jungen reichen Braut, die er heirathen wollte, die Vaterschaft zu diesem Kinde vor Gericht ab. Ich werde den Eidschwur, den er die Frechheit hatte, mir ins Gesicht zu leisten, niemals vergessen, ein Gallenfieber war die Folge davon, und bald darauf noch sechzig Peitschenhiebe, die mir Hr. Villeneuve geben ließ, und in deren Folge ich noch bis auf diesen Tag an der Schwindsucht leide." — — Toni, welche den Kopf gedankenvoll auf ihre Hand gelegt hatte, fragte den Fremden: wer er denn wäre? wo er herkäme und wo er hinginge? worauf dieser nach einer kurzen Verlegenheit, worin ihn die erbitterte Rede der Alten versetzt hatte, erwiderte: daß er mit Hrn. Strömlis, seines Oheims Familie, die er, unter dem Schutze zweier jungen Vettern, in der Bergwaldung am Möwenweiher zurückgelassen, vom Fort Dauphin käme. Er erzählte, auf des Mäd-

---

4 Scham] Schaam *F s*
8 ins] in's *s*   niemals] niemahls *s*
8-9 vergessen,] vergessen; *F s*
16 herkäme] her käme, *s*   hinginge] hingienge *F* hin ginge *s*
17 worin] worein *F s*
18 erbitterte] leidenschaftliche *F s*
19 erwiderte] erwiederte *s*   Strömlis] Strömli's *F s*
20 die er,] die er *F*
21 zweier jungen] zweyer junger *s*
22 Möwenweiher zurückgelassen] Möwenweyher zurück gelassen *s*

chens Bitte, mehrere Züge der in dieser Stadt ausgebrochenen Empörung; wie zur Zeit der Mitternacht, da alles geschlafen, auf ein verrätherisch gegebenes Zeichen, das Gemetzel der Schwarzen gegen die Weißen losgegangen wäre; wie der Chef der Negern, ein Sergeant bei dem französischen Pionirkorps, die Bosheit gehabt, sogleich alle Schiffe im Hafen in Brand zu stecken, um den Weißen die Flucht nach Europa abzuschneiden; wie die Familie kaum Zeit gehabt, sich mit einigen Habseeligkeiten vor die Thore der Stadt zu retten, und wie ihr, bei dem gleichzeitigen Auflodern der Empörung in allen Küstenplätzen, nichts übrig geblieben wäre, als mit Hülfe zweier Maulesel, die sie aufgetrieben, den Weg quer durch das ganze Land nach Port au Prince einzuschlagen, das allein noch, von einem starken französischen Heere beschützt, der überhand nehmenden Macht der Negern in diesem Augenblick Widerstand leiste. — Toni fragte: wodurch sich denn die Weißen daselbst so verhaßt gemacht hätten? — Der

---

5	losgegangen] los gegangen *s*	13	bei] bey *s*
6	Negern] Neger *s*	15	zweier] zweyer *s*
7	bei] bey *s* Pionirkorps] Pionircorps *s*	16	Maulesel,] Maulesel: *s*
11-12	Habseeligkeiten] Habseligkeiten *s*	20	Negern] Neger *s*

Fremde erwiderte betroffen: durch das allgemeine Verhältniß, das sie, als Herren der Insel, zu den Schwarzen hatten, und das ich, die Wahrheit zu gestehen, mich nicht unterfangen will, in Schutz zu nehmen; das aber schon seit vielen Jahrhunderten auf diese Weise bestand! Der Wahnsinn der Freiheit, der alle diese Pflanzungen ergriffen hat, trieb die Negern und Kreolen, die Ketten, die sie drückten, zu brechen, und an den Weißen wegen vielfacher und tadelnswürdiger Mißhandlungen, die sie von einigen schlechten Mitgliedern derselben erlitten, Rache zu nehmen. — Besonders, fuhr er nach einem kurzen Stillschweigen fort, war mir die That eines jungen Mädchens schauderhaft und merkwürdig. Dieses Mädchen, vom Stamm der Negern, lag gerade zur Zeit, da die Empörung auflohte, an dem gelben Fieber krank, das zur Verdoppelung des Elends in der Stadt ausgebrochen war. Sie hatte drei Jahre zuvor einem Pflanzer vom Geschlecht der Weißen als Sclavinn gedient, der sie aus

1	erwiderte] erwiederte *s*	11-12	Mißhandlungen] Mishandlungen *F*
7	Freiheit] Freyheit *s*	18	Negern] Neger *s*
9	Negern] Neger *s*	21	drei] drey *s*
10	Weißen] Weißen, *s*		

Empfindlichkeit, weil sie sich seinen Wünschen nicht willfährig gezeigt hatte, hart behandelt und nachher an einen Creolischen Pflanzer verkauft hatte. Da nun das Mädchen an dem Tage des allgemeinen Aufruhrs erfuhr, daß sich der Pflanzer, ihr ehemaliger Herr, vor der Wuth der Negern, die ihn verfolgten, in einen nahegelegenen Holzstall geflüchtet hatte: so schickte sie, jener Mißhandlungen eingedenk, beim Anbruch der Dämmerung, ihren Bruder zu ihm, mit der Einladung, bei ihr zu übernachten. Der Unglückliche, der weder wußte, daß das Mädchen unpäßlich war, noch an welcher Krankheit sie litt, kam und schloß sie voll Dankbarkeit, da er sich gerettet glaubte, in seine Arme: doch kaum hatte er eine halbe Stunde unter Liebkosungen und Zärtlichkeiten in ihrem Bette zugebracht, als sie sich plötzlich mit dem Ausdruck wilder und kalter Wuth, darin erhob und sprach: eine Pestkranke, die den Tod in der Brust trägt, hast du geküßt: geh und gieb das gelbe Fieber al-

---

3 Creolischen] kreolischen *s*
6 ehemaliger] ehemahliger *s*
7 Negern] Neger *s*
8 nahegelegenen] nahe gelegenen *s*
9-10 Mißhandlungen] Mishandlungen *F*
10 beim] beym *s*
12 bei] bey *s*
17 Arme:] Arme; *F s*
20 plötzlich] plötzlich, *F s*
23 geküßt:] geküßt; *F*   gieb] gib *s*

len denen, die dir gleichen! — Der Officier, während die Alte mit lauten Worten ihren Abscheu hierüber zu erkennen gab, fragte Toni: ob s i e wohl einer solchen That fähig wäre? Nein! sagte Toni, indem sie verwirrt vor sich niedersah. Der Fremde, indem er das Tuch auf dem Tische legte, versetzte: daß, nach dem Gefühl seiner Seele, keine Tyrannei, die die Weißen je verübt, einen Verrath, so niederträchtig und abscheulich, rechtfertigen könnte. Die Rache des Himmels, meinte er, indem er sich mit einem leidenschaftlichen Ausdruck erhob, würde dadurch entwaffnet: die Engel selbst, dadurch empört, stellten sich auf Seiten derer, die Unrecht hätten, und nähmen, zur Aufrechthaltung menschlicher und göttlicher Ordnung, ihre Sache! Er trat bei diesen Worten auf einen Augenblick an das Fenster, und sah in die Nacht hinaus, die mit stürmischen Wolken über den Mond und die Sterne vorüber zog; und da es ihm schien, als ob Mutter und Tochter einander ansähen, obschon er auf keine Weise merkte, daß sie

---

6   niedersah] nieder sah *s*
7   dem Tische] den Tische *F*   den Tisch *s*
8-9 Tyrannei] Tyranney *s*
13 entwaffnet:] entwaffnet; *s*
17 ihre] seine *F s*
18 bei] bey *s*   Worten auf] Worten *s*
21 vorüber zog] vorüberzog *F*

sich Winke zugeworfen hätten: so übernahm ihn ein widerwärtiges und verdrießliches Gefühl; er wandte sich und bat, daß man ihm das Zimmer anweisen mögte, wo er schlafen könne.

Die Mutter bemerkte, indem sie nach der Wanduhr sah, daß es überdies nahe an Mitternacht sey, nahm ein Licht in die Hand, und forderte den Fremden auf, ihr zu folgen. Sie führte ihn durch einen langen Gang in das für ihn bestimmte Zimmer; Toni trug den Überrock des Fremden und mehrere andere Sachen, die er abgelegt hatte; die Mutter zeigte ihm ein von Polstern bequem aufgestapeltes Bett, worin er schlafen sollte, und nachdem sie Toni noch befohlen hatte, dem Herrn ein Fußbad zu bereiten, wünschte sie ihm eine gute Nacht und empfahl sich. Der Fremde stellte seinen Degen in den Winkel und legte ein Paar Pistolen, die er im Gürtel trug, auf den Tisch. Er sah sich, während Toni das Bett vorschob und ein weißes Tuch darüber breitete, im Zimmer um; und da er gar bald,

1 hätten:] hätten; *s*
2 verdrießliches] verdießliches *F*
3 bat] bath *s*
4 mögte] möchte *s*
5 könne.] könne. (Die Fortsetzung folgt.) *F s*
6 Die] Die Verlobung. (Fortsetzung.) Die *F s*
7 überdies] überdieß *s*

aus der Pracht und dem Geschmack, die darin herrschten, schloß, daß es dem vormaligen Besitzer der Pflanzung angehört haben müsse: so legte sich ein Gefühl der Unruhe wie ein Geyer um sein Herz, und er wünschte sich, hungrig und durstig, wie er gekommen war, wieder in die Waldung zu den Seinigen zurück. Das Mädchen hatte mittlerweile, aus der nahbelegenen Küche, ein Gefäß mit warmem Wasser, von wohlriechenden Kräutern duftend, hereingeholt, und forderte den Officier, der sich in das Fenster gelehnt hatte, auf, sich darin zu erquicken. Der Officier ließ sich, während er sich schweigend von der Halsbinde und der Weste befreite, auf den Stuhl nieder; er schickte sich an, sich die Füße zu entblößen, und während das Mädchen, auf ihre Kniee vor ihm hingekauert, die kleinen Vorkehrungen zum Bade besorgte, betrachtete er ihre einnehmende Gestalt. Ihr Haar, in dunkeln Locken schwellend, war ihr, als sie niederknieete, auf ihre jungen Brüste herabgerollt; ein Zug von ausnehmender An-

2 vormaligen] vormahligen *s*
9 nahbelegenen] nahe belegenen *s*
11 hereingeholt,] herein gehohlt: *s*
13 zu] zn *E*
15 befreite] befreyte *s*
19 Vorkehrungen] Vorbereitungen *F s*
23 herabgerollt] herab gerollt *s*

muth spielte um ihre Lippen und über ihre langen, über die gesenkten Augen hervorragenden Augenwimper; er hätte, bis auf die Farbe, die ihm anstößig war, schwören mögen, daß er nie etwas Schöneres gesehen. Dabei fiel ihm eine entfernte Ähnlichkeit, er wußte noch selbst nicht recht mit wem, auf, die er schon bei seinem Eintritt in das Haus bemerkt hatte, und die seine ganze Seele für sie in Anspruch nahm. Er ergriff sie, als sie in den Geschäften, die sie betrieb, aufstand, bei der Hand, und da er gar richtig schloß, daß es nur ein Mittel gab, zu erprüfen, ob das Mädchen ein Herz habe oder nicht, so zog er sie auf seinen Schooß nieder und fragte sie: „ob sie schon einem Bräutigam verlobt wäre?" Nein! lispelte das Mädchen, indem sie ihre großen schwarzen Augen in lieblicher Verschämtheit zur Erde schlug. Sie setzte, ohne sich auf seinem Schooß zu rühren, hinzu: Konelly, der junge Neger aus der Nachbarschaft, hätte zwar vor drei Monaten um sie angehalten; sie hätte ihn aber, weil sie noch zu jung

2-3 hervorragenden] hervor ragenden *s*
5-6 dabei] dabey *s*
8 bei] bey *s*
11 bei] bey *s*
14 ein Herz] Gefühl *F s*
22 drei Monaten] drey Monathen *s*

wäre, ausgeschlagen. Der Fremde, der, mit seinen beiden Händen, ihren schlanken Leib umfaßt hielt, sagte: „in seinem Vaterlande wäre, nach einem daselbst herrschenden Sprichwort, ein Mädchen von vierzehn Jahren und sieben Wochen bejahrt genug, um zu heirathen." Er fragte, während sie ein kleines, goldenes Kreuz, das er auf der Brust trug, betrachtete: „wie alt sie wäre?" — Funfzehn Jahre, erwiederte Toni. „Nun also!" sprach der Fremde. — Fehlt es ihm denn an Vermögen, um sich häuslich, wie du es wünschest, mit dir niederzulassen?" Toni, ohne die Augen zu ihm aufzuschlagen, erwiderte: o nein! — Vielmehr, sprach sie, indem sie das Kreuz, das sie in der Hand hielt, fahren ließ: Konelly ist, seit der letzten Wendung der Dinge, ein reicher Mann geworden; seinem Vater ist die ganze Niederlassung, die sonst dem Pflanzer, seinem Herrn, gehörte, zugefallen. — „Warum lehntest du denn seinen Antrag ab?" fragte der Fremde. Er streichelte ihr freundlich das Haar von der Stirn und sprach: „gefiel er

1 der,] der *s*
2 beiden Händen,] beyden Händen *s*
7 kleines,] kleines *s*
8 Kreuz] Kreutz *s*
10 also!] also; *s*

12 häuslich] häußlich *F*
14 erwiderte] erwiederte *s*
15 Kreuz] Kreutz *s*
17 Dinge,] Dinge *s*

dir etwa nicht?" Das Mädchen, indem sie kurz mit dem Kopf schüttelte, lachte; und auf die Frage des Fremden, ihr scherzend ins Ohr geflüstert: ob es vielleicht ein Weißer seyn müsse, der ihr Gunst davon tragen solle? legte sie sich plötzlich, nach einem flüchtigen, träumerischen Bedenken, unter einem überaus reizenden Erröthen, das über ihr verbranntes Gesicht aufloderte, an seine Brust. Der Fremde, von ihrer Anmuth und Lieblichkeit gerührt, nannte sie sein liebes Mädchen, und schloß sie, wie durch göttliche Hand von jeder Sorge erlöst, in seine Arme. Es war ihm unmöglich zu glauben, daß alle diese Bewegungen, die er an ihr wahrnahm, der bloße elende Ausdruck einer kalten und gräßlichen Verrätherei seyn sollten. Die Gedanken, die ihn beunruhigt hatten, wichen, wie ein Heer schauerlicher Vögel, von ihm; er schalt sich, ihr Herz nur einen Augenblick verkannt zu haben, und während er sie auf seinen Knieen schaukelte, und den süßen Athem einsog, den sie ihm heraufsandte, drückte er, gleichsam

3   ins] in's *s*
4   ob] „ob *s*
5   ihr] ihre *F s*   solle?] solle?" *s*
8   reizenden] reitzenden *s*
13 erlöst] erlößt *F*

14 unmöglich] unmöglich, *F s*
15 an] in *F s*
17 Verrätherei] Verrätherey *s*
18 beunruhigt] beuuruhigt *F*
23 heraufsandte] herauf sandte *s*

zum Zeichen der Aussöhnung und Vergebung, einen Kuß auf ihre Stirn. Inzwischen hatte sich das Mädchen, unter einem sonderbar plötzlichen Aufhorchen, als ob jemand von dem Gange her der Thür nahte, emporgerichtet; sie rückte sich gedankenvoll und träumerisch das Tuch, das sich über ihrer Brust verschoben hatte, zurecht; und erst als sie sah, daß sie von einem Irrthum getäuscht worden war, wandte sie sich mit einigem Ausdruck von Heiterkeit wieder zu dem Fremden zurück und erinnerte ihn: daß sich das Wasser, wenn er nicht bald Gebrauch davon machte, abkälten würde. — Nun? sagte sie betreten, da der Fremde schwieg und sie gedankenvoll betrachtete: was seht ihr mich so aufmerksam an? Sie suchte, indem sie sich mit ihrem Latz beschäftigte, die Verlegenheit, die sie ergriffen, zu verbergen, und rief lachend: wunderlicher Herr, was fällt euch in meinem Anblick so auf? Der Fremde, der sich mit der Hand über die Stirn gefahren war, sagte, einen Seufzer unterdrückend, in-

4	jemand] Jemand *s*	16-17	so aufmerksam] so *F s*
5-6	emporgerichtet] empor gerichtet *s*	17-18	sie sich mit] sie an *F s*
7	das sich] daß sich *E*	18	beschäftigte] wirthschaftete *F s*
12	zurück] zurück, *s*	20	euch in] Euch bey *s*
16	ihr] Ihr *s*		

dem er sie von seinem Schooß herunterhob:
eine wunderbare Ähnlichkeit zwischen dir
und einer Freundinn!" — Toni, welche sicht-
bar bemerkte, daß sich seine Heiterkeit zerstreut hatte, nahm ihn freundlich und theil-
nehmend bei der Hand, und fragte: mit welcher? worauf jener, nach einer kurzen Besinnung das Wort nahm und sprach: „Ihr Name
war Mariane Congreve und ihre Vaterstadt
Straßburg. Ich hatte sie in dieser Stadt, wo
ihr Vater Kaufmann war, kurz vor dem Ausbruch der Revolution kennen gelernt, und
war glücklich genug gewesen, ihr Jawort und
vorläufig auch ihrer Mutter Zustimmung zu
erhalten. Ach, es war die treuste Seele unter
der Sonne; und die schrecklichen und rüh-
renden Umstände, unter denen ich sie verlor,
werden mir, wenn ich dich ansehe, so gegen-
wärtig, daß ich mich vor Wehmuth der Thränen nicht enthalten kann." Wie? sagte Toni,
indem sie sich herzlich und innig an ihn
drückte: sie lebt nicht mehr? — „Sie starb,"
antwortete der Fremde, „und ich lernte den

1	herunterhob] herunter hob *s*	8	Name] Nahme *s*
2	eine] „eine *F s*	13	ihr Jawort] ihr *F* ihr, *s*
6	bei] bey *s*	14	Zustimmung] Jawort *F s*
7-8	Besinnung] Besinnung, *F s*	15	treuste] treueste *F s*

Inbegriff aller Güte und Vortrefflichkeit erst
mit ihrem Tode kennen. Gott weiß," fuhr er
fort, indem er sein Haupt schmerzlich an ihre
Schulter lehnte, „wie ich die Unbesonnenheit
so weit treiben konnte, mir eines Abends an
einem öffentlichen Ort Äußerungen über das
eben errichtete furchtbare Revolutionstribu-
nal zu erlauben. Man verklagte, man suchte
mich; ja, in Ermangelung meiner, der glücklich genug gewesen war, sich in die Vorstadt
zu retten, lief die Rotte meiner rasenden Ver-
folger, die ein Opfer haben mußte, nach der
Wohnung meiner Braut, und durch ihre
wahrhaftige Versicherung, daß sie nicht wisse, wo ich sey, erbittert, schleppte man dieselbe, unter dem Vorwand, daß sie mit mir im
Einverständniß sey, mit unerhörter Leichtfer-
tigkeit statt meiner auf den Richtplatz. Kaum
war mir diese entsetzliche Nachricht hinter-
bracht worden, als ich sogleich aus dem
Schlupfwinkel, in welchen ich mich geflüchtet
hatte, hervortrat, und indem ich, die Menge
durchbrechend, nach dem Richtplatz eilte,

2 kennen.] kennen." (Die Fortsetzung folgt.) *F s*
⟨Danach in *F* und *s* Neueinsatz:⟩ Die
Verlobung. (Fortsetzung.) Gott] „Gott *F s*
4 Schulter] Schultern *F s*

15 man] sie *F s*
18 statt] Statt *s*   meiner] meiner, *F*
22 hervortrat] hervor trat *s*

laut ausrief: Hier, ihr Unmenschlichen, hier bin ich! Doch sie, die schon auf dem Gerüste der Guillotine stand, antwortete auf die Frage einiger Richter, denen ich unglücklicher Weise fremd seyn mußte, indem sie sich mit einem Blick, der mir unauslöschlich in die Seele geprägt ist, von mir abwandte: diesen Menschen kenne ich nicht! — worauf unter Trommeln und Lärmen, von den ungeduldigen Blutmenschen angezettelt, das Eisen, wenige Augenblicke nachher, herabfiel, und ihr Haupt von seinem Rumpfe trennte. — Wie ich gerettet worden bin, das weiß ich nicht; ich befand mich, eine Viertelstunde darauf, in der Wohnung eines Freundes, wo ich aus einer Ohnmacht in die andere fiel, und halbwahnwitzig gegen Abend auf einen Wagen geladen und über den Rhein geschafft wurde." — Bei diesen Worten trat der Fremde, indem er das Mädchen losließ, an das Fenster; und da diese sah, daß er sein Gesicht sehr gerührt in ein Tuch drückte: so übernahm sie, von manchen Seiten geweckt, ein

11 nachher] darauf *F s*
16-17 halbwahnwitzig] halb wahnwitzig *s*
19 Bei] Bey *s*

20 losließ] los ließ *s*
22 drückte:] drückte; *s*

menschliches Gefühl; sie folgte ihm mit einer plötzlichen Bewegung, fiel ihm um den Hals, und mischte ihre Thränen mit den seinigen.

Was weiter erfolgte, brauchen wir nicht zu melden, weil es jeder, der an diese Stelle kommt, von selbst lies't. Der Fremde, als er sich wieder gesammlet hatte, wußte nicht, wohin ihn die That, die er begangen, führen würde; inzwischen sah er so viel ein, daß er gerettet, und in dem Hause, in welchem er sich befand, für ihn nichts von dem Mädchen zu befürchten war. Er versuchte, da er sie mit verschränkten Armen auf dem Bett weinen sah, alles nur Mögliche, um sie zu beruhigen. Er nahm sich das kleine goldene Kreuz, ein Geschenk der treuen Mariane, seiner abgeschiedenen Braut, von der Brust; und, indem er sich unter unendlichen Liebkosungen über sie neigte, hing er es ihr als ein Brautgeschenk, wie er es nannte, um den Hals. Er setzte sich, da sie in Thränen zerfloß und auf seine Worte nicht hörte, auf den Rand des Bettes nieder, und sagte ihr, indem er ihre

6 lies't] liest *s*
7 gesammlet] gesammelt *F s*
15 Kreuz] Kreutz *s*
19 neigte] bog *F s*

Hand bald streichelte, bald küßte: daß er bei ihrer Mutter am Morgen des nächsten Tages um sie anhalten wolle. Er beschrieb ihr, welch ein kleines Eigenthum, frei und unabhängig, er an den Ufern der Aaar besitze; eine Wohnung, bequem und geräumig genug, sie und auch ihre Mutter, wenn ihr Alter die Reise zulasse, darin aufzunehmen; Felder, Gärten, Wiesen und Weinberge; und einen alten ehrwürdigen Vater, der sie dankbar und liebreich daselbst, weil sie seinen Sohn gerettet, empfangen würde. Er schloß sie, da ihre Thränen in unendlichen Ergießungen auf das Bettkissen niederflossen, in seine Arme, und fragte sie, von Rührung selber ergriffen: was er ihr zu Leide gethan und ob sie ihm nicht vergeben könne? Er schwor ihr, daß Liebe für sie nie aus seinem Herzen weichen würde, und daß nur, im Taumel wunderbar verwirrter Sinne, eine Mischung von Begierde und Angst, die sie ihm eingeflößt, ihn zu einer solchen That habe verführen können. Er erinnerte sie zuletzt, daß die Morgensterne fun-

1 bei] bey *s*
4 frei] frey *s*
5 Ufern] Ufer *E*   Aaar] Aar *s*
8 darin aufzunehmen] aufzunehmen *F s*

14 Bettkissen] Bettküssen *s*
15 ergriffen:] ergriffen; *s*
17 Liebe] die Liebe *F s*

kelten, und daß, wenn sie länger im Bette verweilte, die Mutter kommen und sie darin überraschen würde; er forderte sie, ihrer Gesundheit wegen, auf, sich zu erheben und noch einige Stunden auf ihrem eignen Lager auszuruhen; er fragte sie, durch ihren Zustand in die entsetzlichsten Besorgnisse gestürzt, ob er sie vielleicht in seinen Armen aufheben und in ihre Kammer tragen solle; doch da sie auf Alles, was er vorbrachte, nicht antwortete, und, ihr Haupt stilljammernd, ohne sich zu rühren, in ihre Arme gedrückt, auf den verwirrten Kissen des Bettes dalag: so blieb ihm zuletzt, hell wie der Tag schon durch beide Fenster schimmerte, nichts übrig, als sie, ohne weitere Rücksprache, aufzuheben; er trug sie, die wie eine Leblose von seiner Schulter niederhing, die Treppe hinauf in ihre Kammer, und nachdem er sie auf ihr Bette niedergelegt, und ihr unter tausend Liebkosungen noch einmal Alles, was er ihr schon gesagt, wiederholt hatte, nannte er sie noch einmal seine liebe Braut, drückte einen

2   darin] darinn *F*
5   eignen] eigenen *s*
11 und,] und *F s*   stilljammernd] still jammernd *s*
13 Kissen] Küssen *s*
15 beide] beyde *s*

18 niederhing] niederhieng *F*
20 tausend] Tausend *s*
21 einmal] ein Mahl *s*
22 wiederholt] wiederhohlt *s*
23 einmal] ein Mahl *s*   liebe] süße *F s*

Kuß auf ihre Wangen, und eilte in sein Zimmer zurück.

Sobald der Tag völlig angebrochen war, begab sich die alte Babekan zu ihrer Tochter hinauf, und eröffnete ihr, indem sie sich an ihr Bett niedersetzte, welch' einen Plan sie mit dem Fremden sowohl, als seiner Reisegesellschaft vor habe. Sie meinte, daß, da der Neger Congo Hoango erst in zwei Tagen wiederkehre, Alles darauf ankäme, den Fremden während dieser Zeit in dem Hause hinzuhalten, ohne die Familie seiner Angehörigen, deren Gegenwart, ihrer Menge wegen, gefährlich werden könnte, darinn zuzulassen. Zu diesem Zweck, sprach sie, habe sie erdacht, dem Fremden vorzuspiegeln, daß, einer so eben eingelaufenen Nachricht zufolge, der General Dessalines sich mit seinem Heer in diese Gegend wenden werde, und daß man mithin, wegen allzugroßer Gefahr, erst am dritten Tage, wenn er vorüber wäre, würde möglich machen können, die Familie, seinem Wunsche gemäß, in dem Hause aufzuneh-

6	niedersetzte] nieder setzte *s*	14	darinn] darin *s*
8	vor habe] vorhabe *F s*	17	zufolge] zu Folge *s*
9	zwei] zwey *s*	20	allzugroßer] allzu großer *s*
11	in] im *s*	23	Wunsche] Wuusche *F*

men. Die Gesellschaft selbst, schloß sie, müsse inzwischen, damit sie nicht weiter reise, mit Lebensmitteln versorgt, und gleichfalls, um sich ihrer späterhin zu bemächtigen, in dem Wahn, daß sie eine Zuflucht in dem Hause finden werde, hingehalten werden. Sie bemerkte, daß die Sache wichtig sey, indem die Familie wahrscheinlich beträchtliche Habseeligkeiten mit sich führe; und forderte die Tochter auf, sie aus allen Kräften in dem Vorhaben, das sie ihr angegeben, zu unterstützen. Toni, halb im Bette aufgerichtet, indem die Röthe des Unwillens ihr Gesicht überflog, versetzte: „daß es schändlich und niederträchtig wäre, das Gastrecht an Personen, die man in das Haus gelockt, also zu verletzen. Sie meinte, daß ein Verfolgter, der sich ihrem Schutz anvertraut, doppelt sicher bei ihnen sein sollte; und versicherte, daß, wenn sie den blutigen Anschlag, den sie ihr geäußert, nicht aufgäbe, sie auf der Stelle hingehen und dem Fremden anzeigen würde, welch eine Mördergrube das Haus sei, in welchem er ge-

---

8-9 Habseeligkeiten] Habseligkeiten *s*
18 bei] bey *s*
19 sein] seyn *s*

22 welch] welch' *s*
23 sei] sey *s*

glaubt habe, seine Rettung zu finden." Toni! sagte die Mutter, indem sie die Arme in die Seite stämmte, und dieselbe mit großen Augen ansah. — „Gewiß!" erwiederte Toni, indem sie die Stimme senkte. „Was hat uns dieser Jüngling, der von Geburt gar nicht einmal ein Franzose, sondern, wie wir gesehen haben, ein Schweizer ist, zu leide gethan, daß wir, nach Art der Räuber, über ihn herfallen, ihn tödten und ausplündern wollen? Gelten die Beschwerden, die man hier gegen die Pflanzer führt, auch in der Gegend der Insel, aus welcher er herkömmt? Zeigt nicht vielmehr Alles, daß er der edelste und vortrefflichste Mensch ist, und gewiß das Unrecht, das die Schwarzen seiner Gattung vorwerfen mögen, auf keine Weise theilt?" — Die Alte, während sie den sonderbaren Ausdruck des Mädchens betrachtete, sagte bloß mit bebenden Lippen: daß sie erstaune. Sie fragte, was der junge Portugiese verschuldet, den man unter dem Thorweg kürzlich mit Keulen zu Boden geworfen habe? Sie fragte, was die bei-

6   einmal] einmahl *s*
8   Schweizer] Schweitzer *s*   leide] Leide *s*
9   Räuber,] Räuber *s*
17 theilt?" –] theilt?" – (Die Fortsetzung folgt.) *F*
    ⟨Danach in *s* Absatz. Nur in *F* Neueinsatz:⟩ Die Verlobung. (Fortsetzung.)
19 bloß] blos *s*
20 Lippen:] Lippen, *F s*
23-1 beiden] beyden *s*

den Holländer verbrochen, die vor drei Wochen durch die Kugeln der Neger im Hofe gefallen wären? Sie wollte wissen, was man den drei Franzosen und so vielen andern einzelnen Flüchtlingen, vom Geschlecht der Weißen, zur Last gelegt habe, die mit Büchsen, Spießen und Dolchen, seit dem Ausbruch der Empörung, im Hause hingerichtet worden wären? „Beim Licht der Sonne," sagte die Tochter, indem sie wild aufstand, „du hast sehr Unrecht, mich an diese Gräuelthaten zu erinnern! Die Unmenschlichkeiten, an denen ihr mich Theil zu nehmen zwingt, empörten längst mein innerstes Gefühl; und um mir Gottes Rache wegen Alles, was vorgefallen, zu versöhnen, so, schwöre ich dir, daß ich eher zehnfachen Todes sterben, als zugeben werde, daß diesem Jüngling, so lange er sich in unserm Hause befindet, auch nur ein Haar gekrümmt werde." — Wohlan, sagte die Alte, mit einem plötzlichen Ausdruck von Nachgiebigkeit: so mag der Fremde reisen! Aber wenn Congo Hoango zurückkömmt,

1 drei] drey s
4 drei] drey s
9 Beim] Beym s
14 um mir] um F s

15 Alles] Allem F s
16 zu versöhnen, so,] von mir abzuwenden, F s
22 Nachgiebigkeit:] Nachgiebigkeit; s
23 zurückkömmt] zurück kömmt s

setzte sie hinzu, indem sie um das Zimmer zu verlassen, aufstand, und erfährt, daß ein Weißer in unserm Hause übernachtet hat, so magst du das Mitleiden, das dich bewog, ihn gegen das ausdrückliche Gebot wieder abziehen zu lassen, verantworten.

Auf diese Äußerung, bei welcher, trotz aller scheinbaren Milde, der Ingrimm der Alten heimlich hervorbrach, blieb das Mädchen in nicht geringer Bestürzung im Zimmer zurück. Sie kannte den Haß der Alten gegen die Weißen zu gut, als daß sie hätte glauben können, sie werde eine solche Gelegenheit, ihn zu sättigen, ungenutzt vorüber gehen lassen. Furcht, daß sie sogleich in die benachbarten Pflanzungen schicken und die Neger zur Überwältigung des Fremden herbeirufen möchte, bewog sie, sich anzukleiden und ihr unverzüglich in das untere Wohnzimmer zu folgen. Sie stellte sich, während diese verstört den Speiseschrank, bei welchem sie ein Geschäft zu haben schien, verließ, und sich an einen Spinnrocken niedersetzte, vor das an die Thür geschlagene Mandat, in welchem allen Schwarzen bei Lebensstrafe verboten war, den Weißen Schutz und Obdach zu geben; und gleichsam als ob sie, von Schrecken ergriffen, das Unrecht, das sie begangen, einsähe, wandte sie sich plötzlich, und fiel der Mutter, die sie, wie sie wohl wußte, von hinten beobachtet hatte, zu Füßen. Sie bat, die Kniee derselben umklammernd, ihr die rasenden Äußerungen, die sie sich zu Gunsten des Fremden erlaubt, zu vergeben; entschuldigte sich mit dem Zustand, halb träumend, halb wachend, in welchem sie von ihr mit den Vorschlägen zu seiner Überlistung, da sie noch im Bette gelegen, überrascht worden sei, und meinte, daß sie ihn ganz und gar der Rache der bestehenden Landesgesetze, die seine Vernichtung einmal beschlossen, Preis gäbe. Die Alte, nach einer Pause, in der sie das Mädchen unverwandt betrachtete, sagte: „Beim Himmel, diese deine Erklärung rettet ihm für heute das Leben! Denn die Speise, da du ihn in deinen Schutz zu nehmen drohtest,

---

2 bei] bey *s* verboten] verbothen *s*
5 das sie] daß sie *E*
8 bat] bath *s*

16 sei] sey *s* daß] „daß *F s*
18 einmal] einmahl *s* Preis] preis *F*
21 Beim] Beym *s*

war schon vergiftet, die ihn der Gewalt Congo Hoango's, seinem Befehl gemäß, wenigstens todt überliefert haben würde." Und damit stand sie auf und schüttete einen Topf mit Milch, der auf dem Tisch stand, aus dem Fenster. Toni, welche ihren Sinnen nicht traute, starrte, von Entsetzen ergriffen, die Mutter an. Die Alte, während sie sich wieder niedersetzte, und das Mädchen, das noch immer auf den Knieen dalag, vom Boden aufhob, fragte: „was denn im Lauf einer einzigen Nacht ihre Gedanken so plötzlich umgewandelt hätte? Ob sie gestern, nachdem sie ihm das Bad bereitet, noch lange bei ihm gewesen wäre? Und ob sie viel mit dem Fremden gesprochen hätte?" Doch Toni, deren Brust flog, antwortete hierauf nicht, oder nichts Bestimmtes; das Auge zu Boden geschlagen, stand sie, indem sie sich den Kopf hielt, und berief sich auf einen Traum; ein Blick jedoch auf die Brust ihrer unglücklichen Mutter, sprach sie, indem sie sich rasch bückte und ihre Hand küßte, rufe ihr die ganze Un-

14 bei] bey s

menschlichkeit der Gattung, zu der dieser Fremde gehöre, wieder ins Gedächtniß zurück: und betheuerte, indem sie sich umkehrte und das Gesicht in ihre Schürze drückte, daß, sobald der Neger Hoango eingetroffen wäre, sie sehen würde, was sie an ihr für eine Tochter habe.

Babekan saß noch in Gedanken versenkt, und erwog, woher wohl die sonderbare Leidenschaftlichkeit des Mädchens entspringe: als der Fremde mit einem in seinem Schlafgemach geschriebenen Zettel, worin er die Familie einlud, einige Tage in der Pflanzung des Negers Hoango zuzubringen, in das Zimmer trat. Er grüßte sehr heiter und freundlich die Mutter und die Tochter, und bat, indem er der Alten den Zettel übergab: daß man sogleich in die Waldung schicken und für die Gesellschaft, dem ihm gegebenen Versprechen gemäß, Sorge tragen möchte. Babekan stand auf und sagte, mit einem Ausdruck von Unruhe, indem sie den Zettel in den Wandschrank legte: „Herr, wir müssen euch bitten,

2 ins] in's *s*
7 habe.] habe. (Die Fortsetzung folgt.) *s*
8 Babekan] Die Verlobung. (Fortsetzung.) Babekan *s*
9 wohl] wol *F*
16 und die] und *F s*   bat] bath *s*
23 euch] Euch *s*

euch sogleich in euer Schlafzimmer zurück zu verfügen. Die Straße ist voll von einzelnen Negertrupps, die vorüberziehen und uns anmelden, daß sich der General Dessalines mit seinem Heer in diese Gegend wenden werde. Dies Haus, das jedem offen steht, gewährt euch keine Sicherheit, falls ihr euch nicht in eurem, auf den Hof hinausgehenden, Schlafgemach verbergt, und die Thüren sowohl, als auch die Fensterladen, auf das Sorgfältigste verschließt." — Wie? sagte der Fremde betroffen: der General Dessalines — „Fragt nicht!" unterbrach ihn die Alte, indem sie mit einem Stock dreimal auf den Fußboden klopfte: „in eurem Schlafgemach, wohin ich euch folgen werde, will ich euch Alles erklären." Der Fremde von der Alten mit ängstlichen Gebehrden aus dem Zimmer gedrängt, wandte sich noch einmal unter der Thür und rief: aber wird man der Familie, die meiner harrt, nicht wenigstens einen Boten zusenden müssen, der sie —? „Es wird Alles besorgt werden," fiel ihm die Alte ein, während,

---

1 euch] Euch *s*   euer] Euer *s*
6 Dies] Dieß *s*   jedem] Jedem *s*
7 euch] Euch *s*   ihr euch] Ihr Euch *s*
8 eurem] Eurem *s*   hinausgehenden] hinaus gehenden *s*
12 Dessalines] Dessalines. *F s*
14 dreimal] drey Mahl *s*
15 eurem] Eurem *s*   euch] Euch *s*
16 euch] Euch *s*
17 Fremde] Fremde, *F s*
18 Gebehrden] Geberden *s*
19 einmal] ein Mahl *s*
21 Boten] Bothen *s*

durch ihr Klopfen gerufen, der Bastardknabe, den wir schon kennen, hereinkam; und damit befahl sie Toni, die, dem Fremden den Rücken zukehrend, vor den Spiegel getreten war, einen Korb mit Lebensmitteln, der in dem Winkel stand, aufzunehmen; und Mutter, Tochter, der Fremde und der Knabe begaben sich in das Schlafzimmer hinauf.

Hier erzählte die Alte, indem sie sich auf gemächliche Weise auf den Sessel niederließ, wie man die ganze Nacht über auf den, den Horizont abschneidenden Bergen, die Feuer des Generals Dessalines schimmern gesehen: ein Umstand, der in der That gegründet war, obschon sich bis diesen Augenblick noch kein einziger Neger von seinem Heer, das sudwestlich gegen Port au Prince anrückte, in dieser Gegend gezeigt hatte. Es gelang ihr, den Fremden dadurch in einen Wirbel von Unruhe zu stürzen, den sie jedoch nachher wieder durch die Versicherung, daß sie alles Mögliche, selbst in dem schlimmen Fall, daß sie Einquartierung bekäme, zu seiner Ret-

2 hereinkam] herein kam *s*   16-17 sudwestlich] südwestlich *F s*

tung beitragen, würde, zu stillen wußte. Sie nahm, auf die wiederholte inständige Erinnerung desselben, unter diesen Umständen seiner Familie wenigstens mit Lebensmitteln beizuspringen, der Tochter den Korb aus der Hand, und indem sie ihn dem Knaben gab, sagte sie ihm: „er solle an den Möwenweiher, in die nahgelegnen Waldberge hinaus gehen, und ihn der daselbst befindlichen Familie des fremden Offiziers überbringen. Der Offizier selbst," solle er hinzusetzen, „befinde sich wohl; Freunde der Weißen, die selbst viel der Parthei wegen, die sie ergriffen, von den Schwarzen leiden müßten, hätten ihn in ihrem Hause mitleidig aufgenommen. Sie schloß, daß sobald die Landstraße nur von den bewaffneten Negerhaufen, die man erwartete, befreit wäre, man sogleich Anstalten treffen würde, auch ihr, der Familie, ein Unterkommen in diesem Hause zu verschaffen. — Hast du verstanden? fragte sie, da sie geendet hatte. Der Knabe, indem er den Korb auf seinen Kopf setzte, antwortete: daß

---

1 beitragen] beytragen *s*   stillen] beschwichtigen *F s*
2 wiederholte] wiederhohlte *s*
5 beizuspringen] beyzuspringen *s*
7 Möwenweiher] Möwenweyher *s*
8 nahgelegnen] nah gelegenen *s*   gehen] gehn *F*
10 Offiziers] Officiers *s*   Der] „Der *F s*
   Offizier] Officier *s*
11 hinzusetzen] hinzu setzen *s*   „befinde] befinde *s*
13 Parthei] Partey *s*
15 aufgenommen.] aufgenommen." *s*
16 daß] daß, *F s*
18 befreit] befreyt *s*
20 verschaffen.] verschaffen." *s*
21 Hast] „Hast *s*   verstanden?] verstanden?" *s*

er den ihm beschriebenen Möwenweiher, an dem er zuweilen mit seinen Kameraden zu fischen pflege, gar wohl kenne, und daß er Alles, wie man es ihm aufgetragen, an die daselbst übernachtende Familie des fremden Herrn bestellen würde. Der Fremde zog sich, auf die Frage der Alten: ob er noch etwas hinzuzusetzen hätte? noch einen Ring vom Finger, und händigte ihn dem Knaben ein, mit dem Auftrag, ihn zum Zeichen, daß es mit den überbrachten Meldungen seine Richtigkeit habe, dem Oberhaupt der Familie, Hrn. Strömli, zu übergeben. Hierauf traf die Mutter mehrere, die Sicherheit des Fremden, wie sie sagte, abzweckende Veranstaltungen; befahl Toni, die Fensterladen zu verschließen, und zündete selbst, um die Nacht, die dadurch in dem Zimmer herrschend geworden war, zu zerstreuen, an einem auf dem Kaminsims befindlichen Feuerzeug, nicht ohne Mühseligkeit, indem der Zunder nicht fangen wollte, ein Licht an. Der Fremde benutzte diesen Augenblick, um den Arm sanft um

---

1 Möwenweiher] Möwenweyher *s*
6 Herrn] Herren *F*
7-8 hinzuzusetzen] hinzu zu setzen *s*
12 Hrn.] Herrn *s*
13 Strömli,] Strömli *s*

Toni's Leib zu legen, und ihr ins Ohr zu flüstern: wie sie geschlafen? und: ob er die Mutter nicht von dem, was vorgefallen, unterrichten solle? doch auf die erste Frage antwortete Toni nicht, und auf die andere versetzte sie, indem sie sich aus seinem Arm loswand: nein, wenn ihr mich liebt, kein Wort! Sie unterdrückte die Angst, die alle diese lügenhaften Anstalten in ihr erweckten; und unter dem Vorwand, dem Fremden ein Frühstück zu bereiten, stürzte sie eilig in das untere Wohnzimmer herab.

Sie nahm aus dem Schrank der Mutter den Brief, worin der Fremde in seiner Unschuld die Familie eingeladen hatte, dem Knaben in die Niederlassung zu folgen: und auf gut Glück hin, ob die Mutter ihn vermissen würde, entschlossen, im schlimmsten Falle den Tod mit ihm zu leiden, flog sie damit dem schon auf der Landstraße wandernden Knaben nach. Denn sie sah den Jüngling, vor Gott und ihrem Herzen, nicht mehr als einen bloßen Gast, dem sie Schutz und Obdach ge-

1 ins] in's *s*
7 ihr] Ihr *s*
11 sie eilig] sie *F s*

16 folgen:] folgen; *F s*
17-18 würde,] würde; *s*

geben, sondern als ihren Verlobten und Gemahl an, und war Willens, sobald nur seine Parthei im Hause stark genug seyn würde, dies der Mutter, auf deren Bestürzung sie unter diesen Umständen rechnete, ohne Rückhalt zu erklären. „Nanky," sprach sie, da sie den Knaben athemlos und eilfertig auf der Landstraße erreicht hatte: „die Mutter hat ihren Plan, die Familie Hrn. Strömli's anbetreffend, umgeändert. Nimm diesen Brief! Er lautet an Hrn. Strömli, das alte Oberhaupt der Familie, und enthält die Einladung, einige Tage mit Allem, was zu ihm gehört, in unserer Niederlassung zu verweilen. — Sey klug und trage selbst alles Mögliche dazu bei, diesen Entschluß zur Reife zu bringen; Congo Hoango, der Neger, wird, wenn er wiederkömmt, es dir lohnen!" Gut, gut, Base Toni, antwortete der Knabe. Er fragte, indem er den Brief sorgsam eingewickelt in seine Tasche steckte: und ich soll dem Zuge, auf seinem Wege hierher, zum Führer dienen? „Allerdings," versetzte Toni; „das versteht sich,

---

3 Parthei] Partey *s*
4 dies] dieß *s*

10 Brief!] Brief. *F s*
15 bei] bey *s*

weil sie die Gegend nicht kennen, von selbst. Doch wirst du, möglicher Truppenmärsche wegen, die auf der Landstraße statt finden könnten, die Wanderung eher nicht, als um Mitternacht antreten; aber dann dieselbe auch so beschleunigen, daß du vor der Dämmerung des Tages hier eintriffst. — Kann man sich auf dich verlassen? fragte sie. Verlaßt euch auf Nanky! antwortete der Knabe; ich weiß, warum ihr diese weißen Flüchtlinge in die Pflanzung lockt, und der Neger Hoango soll mit mir zufrieden seyn!

Hierauf trug Toni dem Fremden das Frühstück auf; und nachdem es wieder abgenommen war, begaben sich Mutter und Tochter, ihrer häuslichen Geschäfte wegen, in das vordere Wohnzimmer zurück. Es konnte nicht fehlen, daß die Mutter einige Zeit darauf an den Schrank trat, und, wie es natürlich war, den Brief vermißte. Sie legte die Hand, ungläubig gegen ihr Gedächtniß, einen Augenblick an den Kopf, und fragte Toni: wo sie den Brief, den ihr der Fremde gegeben, wohl

---

3   statt] Statt *s*
7   eintriffst.] eintriffst *E*
12 seyn!] seyn! (Die Fortsetzung folgt.) *s*

13 Hierauf] Die Verlobung. (Fortsetzung.) Hierauf *s*
16 häuslichen] häußlichen *F*

hingelegt haben könne? Toni antwortete nach einer kurzen Pause, in der sie auf den Boden niedersah: daß ihn der Fremde ja, ihres Wissens, wieder eingesteckt und oben im Zimmer, in ihrer beider Gegenwart, zerrissen habe! Die Mutter schaute das Mädchen mit großen Augen an; sie meinte, sich bestimmt zu erinnern, daß sie den Brief aus seiner Hand empfangen und in den Schrank gelegt habe; doch da sie ihn nach vielem vergeblichen Suchen darin nicht fand, und ihrem Gedächtniß, mehrerer ähnlichen Vorfälle wegen, mistraute: so blieb ihr zuletzt nichts übrig, als der Meinung, die ihr die Tochter geäußert, Glauben zu schenken. Inzwischen konnte sie ihr lebhaftes Misvergnügen über diesen Umstand nicht unterdrücken, und meinte, daß der Brief dem Neger Hoango, um die Familie in die Pflanzung hereinzubringen, von der größten Wichtigkeit gewesen seyn würde. Am Mittag und Abend, da Toni den Fremden mit Speisen bediente, nahm sie, zu seiner Unterhaltung an der Tischecke sitzend, mehrere-

---

5   beider] beyder *s*
13 mistraute] mißtraute *s*
16 Misvergnügen] Mißvergnügen *s*
19 hereinzubringen] herein zu bringen *s*
23-1 mehreremal] mehrere Mahl *s*

mal Gelegenheit, ihn nach dem Briefe zu fragen; doch Toni war geschickt genug, das Gespräch, so oft es auf diesen gefährlichen Punkt kam, abzulenken oder zu verwirren; dergestalt, daß die Mutter durch die Erklärungen des Fremden über das eigentliche Schicksal des Briefes auf keine Weise ins Reine kam. So verfloß der Tag; die Mutter verschloß nach dem Abendessen aus Vorsicht, wie sie sagte, des Fremden Zimmer; und nachdem sie noch mit Toni überlegt hatte, durch welche List sie sich von neuem, am folgenden Tage, in den Besitz eines solchen Briefes setzen könne, begab sie sich zur Ruhe, und befahl dem Mädchen gleichfalls, zu Bette zu gehen.

Sobald Toni, die diesen Augenblick mit Sehnsucht erwartet hatte, ihre Schlafkammer erreicht und sich überzeugt hatte, daß die Mutter entschlummert war, stellte sie das Bildniß der heiligen Jungfrau, das neben ihrem Bette hing, auf einen Sessel, und ließ sich mit verschränkten Händen auf Knieen davor nieder. Sie flehte den Erlöser, ihren göttlichen

---

3 Punkt] Punct *s*
7 ins] in's *s*
10 Zimmer;] Zimmer: *s*
12 neuem] Neuem *s*

15 gehen.] gehen. (Die Fortsetzung folgt.) *F*
16 Sobald] Die Verlobung. (Fortsetzung.) Sobald *F*
22 auf Knieen davor] davor auf die Kniee *F s*
23 ihren göttlichen] ihren *F s*

Sohn, in einem Gebet voll unendlicher Innbrunst, um Muth und Standhaftigkeit an, dem Jüngling, dem sie sich zu eigen gegeben, das Geständniß der Verbrechen, die ihren jungen Busen beschwerten, abzulegen. Sie gelobte, diesem, was es ihrem Herzen auch kosten würde, nichts, auch nicht die Absicht, erbarmungslos und entsetzlich, in der sie ihn gestern in das Haus gelockt, zu verbergen; doch um der Schritte willen, die sie bereits zu seiner Rettung gethan, wünschte sie, daß er ihr vergeben, und sie als sein treues Weib mit sich nach Europa führen möchte. Durch dies Gebet wunderbar gestärkt, ergriff sie, indem sie aufstand, den Hauptschlüssel, der alle Gemächer des Hauses schloß, und schritt damit langsam, ohne Licht, über den schmalen Gang, der das Gebäude durchschnitt, dem Schlafgemach des Fremden zu. Sie öffnete das Zimmer leise und trat vor sein Bett, wo er in tiefen Schlaf versenkt ruhte. Der Mond beschien sein blühendes Antlitz, und der Nachtwind, der durch die geöffneten Fenster ein-

---

1   Gebet] Gebeth *s*
6   gelobte, diesem] gelobte demselben *F s*
12   treues] getreues *s*
13   möchte] mögte *F*
13-14 dies Gebet] dieß Gebeth *s*

drang, spielte mit dem Haar auf seiner Stirn. Sie neigte sich sanft über ihn und rief ihn, seinen süßen Athem einsaugend, beim Namen; aber ein tiefer Traum, von dem sie der Gegenstand zu seyn schien, beschäftigte ihn: wenigstens hörte sie, zu wiederholten Malen, von seinen glühenden, zitternden Lippen das geflüsterte Wort: Toni! Wehmuth, die nicht zu beschreiben ist, ergriff sie; sie konnte sich nicht entschließen, ihn aus den Himmeln lieblicher Einbildung in die Tiefe einer gemeinen und elenden Wirklichkeit herabzureißen; und in der Gewißheit, daß er ja früh oder spät von selbst erwachen müsse, kniete sie an seinem Bette nieder und überdeckte seine theure Hand mit Küssen.

Aber wer beschreibt das Entsetzen, das wenige Augenblicke darauf ihren Busen ergriff, als sie plötzlich, im Innern des Hofraums, ein Geräusch von Menschen, Pferden und Waffen hörte, und darunter ganz deutlich die Stimme des Negers Congo Hoango erkannte, der unvermutheter Weise mit seinem ganzen

---

3   beim Namen;] beym Nahmen: *s*
6   wiederholten Malen] wiederhohlten Mahlen *s*
10 den Himmeln] dem Paradiese *F s*

12-13 herabzureißen] herab zu reißen *s*
13   Gewißheit] Gewisheit *F*   ja] ja, *F s*
14   spät] spät, *F s*

Troß aus dem Lager des Generals Dessalines
zurückgekehrt war. Sie stürzte, den Mondschein, der sie zu verrathen drohte, sorgsam
vermeidend, hinter die Vorhänge des Fensters, und hörte auch schon die Mutter, welche dem Neger von Allem, was während dessen vorgefallen war, auch von der Anwesenheit des europäischen Flüchtlings im Hause,
Nachricht gab. Der Neger befahl den Seinigen, mit gedämpfter Stimme, im Hofe still zu
seyn. Er fragte die Alte, wo der Fremde in
diesem Augenblick befindlich sey? worauf
diese ihm das Zimmer bezeichnete, und sogleich auch Gelegenheit nahm, ihn von dem
sonderbaren und auffallenden Gespräch, das
sie, den Flüchtling betreffend, mit der Tochter gehabt hatte, zu unterrichten. Sie versicherte dem Neger, daß das Mädchen eine
Verrätherinn, und der ganze Anschlag, desselben habhaft zu werden, in Gefahr sey, zu
scheitern. Wenigstens sey die Spitzbübin, wie
sie bemerkt, heimlich beim Einbruch der
Nacht in sein Bette geschlichen, wo sie noch

3-5   drohte, sorgsam vermeidend, hinter die Vorhänge des Fensters,] ⟨…⟩ Fenster, *E*   drohte, hinter den Vorhängen vermeidend, an das Fenster, *F s*
11   Alte,] Alte: *s*
13-14   sogleich auch] sogleich *F s*
17   gehabt hatte] gehabt *F s*
21   Spitzbübin] Spitzbübinn *F s*
22   beim] bei *F*   bey *s*

bis diesen Augenblick in guter Ruhe befindlich sey; und wahrscheinlich, wenn der Fremde nicht schon entflohen sey, werde derselbe eben jetzt gewarnt, und die Mittel, wie seine Flucht zu bewerkstelligen sey, mit ihm verabredet. Der Neger, der die Treue des Mädchens schon in ähnlichen Fällen erprobt hatte, antwortete: es wäre wohl nicht möglich? Und: Kelly! rief er wüthend, und: Omra! Nehmt eure Büchsen! Und damit, ohne weiter ein Wort zu sagen, stieg er, im Gefolge aller seiner Neger, die Treppe hinauf, und begab sich in das Zimmer des Fremden.

Toni, vor deren Augen sich, während weniger Minuten, dieser ganze Auftritt abgespielt hatte, stand, gelähmt an allen Gliedern, als ob sie ein Wetterstrahl getroffen hätte, da. Sie dachte einen Augenblick daran, den Fremden zu wecken; doch theils war, wegen Besetzung des Hofraums, keine Flucht für ihn möglich, theils auch sah sie voraus, daß er zu den Waffen greifen, und somit bei der Überlegenheit der Neger, Zubodenstreckung unmittelbar

9 Kelly] Kally *F s*
19 theils] Theils *s*
21 theils] Theils *s*
22 bei] bey *s*
23 Neger,] Neger *F*

sein Loos seyn würde. Ja, die entsetzlichste Rücksicht, die sie zu nehmen genöthigt war, war diese, daß der Unglückliche sie selbst, wenn er sie in dieser Stunde bei seinem Bette fände, für eine Verrätherinn halten, und, statt auf ihren Rath zu hören, in der Raserei eines so heillosen Wahns, dem Neger Hoango völlig besinnungslos in die Arme laufen würde. In dieser unaussprechlichen Angst fiel ihr ein Strick in die Augen, welcher, der Himmel weiß durch welchen Zufall, an dem Riegel der Wand hing. Gott selbst, meinte sie, indem sie ihn herabriß, hätte ihn zu ihrer und des Freundes Rettung dahin geführt. Sie umschlang den Jüngling, vielfache Knoten schürzend, an Händen und Füßen damit; und nachdem sie, ohne darauf zu achten, daß er sich rührte und sträubte, die Enden angezogen und an das Gestell des Bettes festgebunden hatte: drückte sie, froh, des Augenblicks mächtig geworden zu seyn, einen Kuß auf seine Lippen, und eilte dem Neger Hoango, der schon auf der Treppe klirrte, entgegen.

4 dieser Stunde] diesem Moment *F s*   bei] bey *s*   9 unaussprechlichen] unausprchlichen *F*
5 statt] Statt *s*   11 weiß] weiß, *F*
6 Raserei] Raserey *s*   13 herabriß] herab riß *s*

Der Neger, der dem Bericht der Alten, Toni anbetreffend, immer noch keinen Glauben schenkte, stand, als er sie aus dem bezeichneten Zimmer hervortreten sah, bestürzt und verwirrt, im Corridor mit seinem Troß von Fackeln und Bewaffneten still. Er rief: „die Treulose! die Bundbrüchige!" und indem er sich zu Babekan wandte, welche einige Schritte vorwärts gegen die Thür des Fremden gethan hatte, fragte er: „ist der Fremde entflohn?" Babekan, welche die Thür, ohne hineinzusehen, offen gefunden hatte, rief, indem sie als eine Wüthende zurückkehrte: Die Gaunerinn! Sie hat ihn entwischen lassen! Eilt, und besetzt die Ausgänge, ehe er das weite Feld erreicht! „Was giebt's?" fragte Toni, indem sie mit dem Ausdruck des Erstaunens den Alten und die Neger, die ihn umringten, ansah. Was es giebt? erwiederte Hoango; und damit ergriff er sie bei der Brust und schleppte sie nach dem Zimmer hin. „Seid ihr rasend?" rief Toni, indem sie den Alten, der bei dem sich ihm darbietenden

Anblick erstarrte, von sich stieß: „da liegt der Fremde, von mir in seinem Bette festgebunden; und, beim Himmel, es ist nicht die schlechteste That, die ich in meinem Leben gethan!" Bei diesen Worten kehrte sie ihm den Rücken zu, und setzte sich, als ob sie weinte, an einen Tisch nieder. Der Alte wandte sich gegen die in Verwirrung zur Seite stehende Mutter und sprach: o Babekan, mit welchem Mährchen hast du mich getäuscht? „Dem Himmel sey Dank," antwortete die Mutter, indem sie die Stricke, mit welchen der Fremde gebunden war, verlegen untersuchte; „der Fremde ist da, obschon ich von dem Zusammenhang nichts begreife." Der Neger trat, das Schwerdt in die Scheide steckend, an das Bett und fragte den Fremden: wer er sey? woher er komme und wohin er reise? Doch da dieser, unter krampfhaften Anstrengungen sich loszuwinden, nichts hervorbrachte, als, auf jämmerlich schmerzhafte Weise: o Toni! o Toni! — so nahm die Mutter das Wort und bedeutete ihm, daß er ein

2-3	festgebunden] fest gebunden *s*	10	getäuscht] geafft *F* geäfft *s*
3	beim] beym *s*	20	loszuwinden] los zu winden *s*
5	Bei] Bey *s*	20-21	hervorbrachte] hervor brachte *s*
6	zu,] zu *F s*		

Schweizer sey, Namens Gustav von der Ried, und daß er mit einer ganzen Familie europäischer Hunde, welche in diesem Augenblick in den Berghöhlen am Möwenweiher versteckt sey, von dem Küstenplatz Fort Dauphin komme. Hoango, der das Mädchen, den Kopf schwermüthig auf ihre Hände gestützt, dasitzen sah, trat zu ihr und nannte sie sein liebes Mädchen; klopfte ihr die Wangen, und forderte sie auf, ihm den übereilten Verdacht, den er ihr geäußert, zu vergeben. Die Alte, die gleichfalls vor das Mädchen hingetreten war, stämmte die Arme kopfschüttelnd in die Seite und fragte: weshalb sie denn den Fremden, der doch von der Gefahr, in der er sich befunden, gar nichts gewußt, mit Stricken in dem Bette festgebunden habe? Toni, vor Schmerz und Wuth in der That weinend, antwortete, plötzlich zur Mutter gekehrt: „weil du keine Augen und Ohren hast! Weil er die Gefahr, in der er schwebte, gar wohl begriff! Weil er entfliehen wollte; weil er mich gebeten hatte, ihm zu seiner Flucht behülflich zu

---

1 Schweizer] Schweitzer *s*   Namens] Nahmens *s*
7-8 dasitzen] da sitzen *s*
10 übereilten] unwürdigen *F s*
20 du] Du *F s*
22 gebeten] gebethen *s*

seyn; weil er einen Anschlag auf dein eignes Leben gemacht hatte, und sein Vorhaben bei Anbruch des Tages ohne Zweifel, wenn ich ihn nicht schlafend gebunden hätte, in Ausführung gebracht haben würde." Der Alte liebkosete und beruhigte das Mädchen, und befahl Babekan, von dieser Sache zu schweigen. Er rief ein Paar Schützen mit Büchsen vor, um das Gesetz, dem der Fremdling verfallen war, augenblicklich an demselben zu vollstrecken; aber Babekan flüsterte ihm heimlich zu: „nein, um's Himmels willen, Hoango!" — Sie nahm ihn auf die Seite und bedeutete ihm: „Der Fremde müsse, bevor er hingerichtet werde, eine Einladung aufsetzen, um vermittelst derselben die Familie, deren Bekämpfung im Walde manchen Gefahren ausgesetzt sey, in die Pflanzung zu locken." — Hoango, in Erwägung, daß die Familie wahrscheinlich nicht unbewaffnet seyn werde, gab diesem Vorschlage seinen Beifall; er stellte, weil es zu spät war, den Brief verabredeter Maßen schreiben zu las-

---

1 auf] gegen *s*   dein] Dein *F s*   eignes] eigenes *s*
2 bei] bey *s*
14 ihm] ihn *F s*

21 Vorschlage] Vorschlag *F s*
22 Beifall] Beyfall *s*

sen, zwei Wachen bei dem weißen Flüchtling aus; und nachdem er noch, der Sicherheit wegen, die Stricke untersucht, auch, weil er sie zu locker befand, ein Paar Leute herbeigerufen hatte, um sie noch enger zusammenzuziehen, verließ er mit seinem ganzen Troß das Zimmer, und Alles nach und nach begab sich zur Ruh.

Aber Toni, welche nur scheinbar dem Alten, der ihr noch einmal die Hand gereicht, gute Nacht gesagt und sich zu Bette gelegt hatte, stand, sobald sie Alles im Hause still sah, wieder auf, schlich sich durch eine Hinterpforte des Hauses auf das freie Feld hinaus, und lief, die wildeste Verzweiflung im Herzen, auf dem, die Landstraße durchkreuzenden, Wege der Gegend zu, von welcher die Familie Hrn. Strömli's herankommen mußte. Denn die Blicke voll Verachtung, die der Fremde von seinem Bette aus auf sie geworfen hatte, waren ihr empfindlich, wie Messerstiche, durchs Herz gegangen; es mischte sich ein Gefühl heißer Bitterkeit in

---

1	zwei] zwey *s* bei] bey *s*	8	Ruh] Ruhe *F s*
4	befand] fand *s*	10	einmal] ein Mahl *s*
4-5	herbeigerufen] herbey gerufen *s*	14	freie] freye *s*
5	sie noch] sie *F s*	16-17	durchkreuzenden] durchkreutzenden *s*
5-6	zusammenzuziehen,] zusammenzuziehen: *F* zusammen zu ziehen: *s*	18	Familie] Famile *E*
		22	durchs] durch's *F s*

ihre Liebe zu ihm, und sie frohlockte bei dem Gedanken, in dieser zu seiner Rettung angeordneten Unternehmung zu sterben. Sie stellte sich, in der Besorgniß, die Familie zu verfehlen, an den Stamm einer Pinie, bei welcher, falls die Einladung angenommen worden war, die Gesellschaft vorüberziehen mußte, und kaum war auch, der Verabredung gemäß, der erste Strahl der Dämmerung am Horizont angebrochen, als Nankys, des Knaben, Stimme, der dem Trosse zum Führer diente, schon fernher unter den Bäumen des Waldes hörbar ward.

Der Zug bestand aus Hrn. Strömli und seiner Gemahlinn, welche letztere auf einem Maulesel ritt; fünf Kindern desselben, deren zwei, Adelbert und Gottfried, Jünglinge von 18 und 17 Jahren, neben dem Maulesel hergingen; drei Dienern und zwei Mägden, wovon die eine, einen Säugling an der Brust, auf dem andern Maulesel ritt; in allem aus zwölf Personen. Er bewegte sich langsam über die den Weg durchflechtenden Kienwurzeln,

1	bei] bey *s*	11	Trosse] Troße *F s*
2	dieser] dieser, *F s* Rettung] Retung *E*	12	schon fernher] fernher *F s*
2-3	angeordneten] angeordneten, *F*	15	letztere] Letztere *s*
5	bei] bey *s*	17	zwei] zwey *s*
7	vorüberziehen] vorüber ziehen *s*	18-19	hergingen] her gingen *s*
8	auch,] auch: *s*	19	drei] drey *s* zwei] zwey *s*
10	Nankys] Nanky's *F s*	20	eine] Eine *F s*
10-11	Knaben,] Knaben *F s*	21	allem] Allem *F s*

dem Stamm der Pinie zu: wo Toni, so geräuschlos, als niemand zu erschrecken nöthig war, aus dem Schatten des Baums hervortrat, und dem Zuge zurief: Halt! Der Knabe kannte sie sogleich; und auf ihre Frage: wo Herr Strömli sei? während Männer, Weiber und Kinder sie umringten, stellte dieser sie freudig dem alten Oberhaupt der Familie, Herrn Strömli, vor. „Edler Herr!" sagte Toni, indem sie die Begrüßungen desselben mit fester Stimme unterbrach: „der Neger Hoango ist, auf überraschende Weise, mit seinem ganzen Troß in die Niederlassung zurück gekommen. Ihr könnt jetzt, ohne die größeste Lebensgefahr, nicht darin einkehren; ja, euer Vetter, der zu seinem Unglück eine Aufnahme darin fand, ist verloren, wenn ihr nicht zu den Waffen greift, und mir, zu seiner Befreiung aus der Haft, in welcher ihn der Neger Hoango gefangen hält, in die Pflanzung folgt!" Gott im Himmel! riefen, von Schrecken erfaßt, alle Mitglieder der Familie; und die Mutter, die krank und von der Reise erschöpft war, fiel

---

3 hervortrat] hervor trat *s*
5 wo] wer *F s*
6 sei] sey *s*
11 Hoango] Congo Hoango *F s*
14 größeste] gröste *s*
17 fand,] fand *E*   gefunden, *F s*
18 Befreiung] Befreyung *s*

von dem Maulthier ohnmächtig auf den Boden nieder. Toni, während, auf den Ruf Herrn Strömli's die Mägde herbeieilten, um ihrer Frau zu helfen, führte, von den Jünglingen mit Fragen bestürmt, Herrn Strömli und die übrigen Männer, aus Furcht vor dem Knaben Nanky, auf die Seite. Sie erzählte den Männern, ihre Thränen vor Scham und Reue nicht zurückhaltend, Alles, was vorgefallen; wie die Verhältnisse, in dem Augenblick, da der Jüngling eingetroffen, im Hause bestanden; wie das Gespräch, das sie unter vier Augen mit ihm gehabt, dieselben auf ganz unbegreifliche Weise verändert; was sie bei der Ankunft des Negers, fast wahnsinnig vor Angst, gethan, und wie sie nun Tod und Leben daran setzen wolle, ihn aus der Gefangenschaft, worin sie ihn selbst gestürzt, wieder zu befreien." Meine Waffen! rief Herr Strömli, indem er zu dem Maulthier seiner Frau eilte und seine Büchse herabnahm. Er sagte, während auch Adelbert und Gottfried, seine rüstigen Söhne, und die drei wackern

---

2 während,] während *s*   den] dem *E*
3 Strömli's] Stömli's *E*   herbeieilten] herbey eilten *s*
8 Scham] Schaam *F*
9 zurückhaltend] haltend *F s*
15 bei] bey *s*
19 befreien] befreyen *s*
21 herabnahm] herab nahm *s*
23 drei] drey *s*

Diener sich bewaffneten: Vetter August hat mehr als Einem von uns das Leben gerettet; jetzt ist es an uns, ihm den gleichen Dienst zu thun; und damit hob er seine Frau, welche sich erholt hatte, wieder auf das Maulthier, ließ dem Knaben Nanky, aus Vorsicht, als eine Art von Geißel, die Hände binden; schickte den ganzen Troß, Weiber und Kinder, unter dem bloßen Schutz seines dreizehnjährigen, gleichfalls bewaffneten Sohnes, Ferdinand, an den Möwenweiher zurück; und nachdem er noch Toni, welche selbst einen Helm und einen Spieß genommen hatte, über die Stärke der Neger und ihre Vertheilung im Hofraume ausgefragt und ihr versprochen hatte, Hoango's sowohl, als ihrer Mutter, so viel es sich thun ließ, bei dieser Unternehmung zu schonen: stellte er sich muthig, und auf Gott vertrauend, an die Spitze seines kleinen Haufens, und brach, von Toni geführt, in die Niederlassung auf.

Toni, sobald der Haufen durch die hintere Pforte eingeschlichen war, zeigte Herrn

---

2   gerettet;] gerettet: *s*
4   thun;] thun, *s*
5   erholt] erhohlt *s*
9-10   dreizehnjährigen] dreyzehnjährigen *s*
11   Möwenweiher] Möwenweyher *s*
17   bei] bey *s*
21   auf.] auf. (Die Fortsetzung folgt.) *F*   auf. (Der Beschluß folgt.) *s*
22   Toni] Die Verlobung. (Fortsetzung.) Toni *F* Die Verlobung. (Beschluß.) Toni *s*

Strömli das Zimmer, in welchem Hoango und Babekan ruhten; und während Herr Strömli geräuschlos mit seinen Leuten in das offne Haus eintrat, und sich sämmtlicher zusammengesetzter Gewehre der Neger bemächtigte, schlich sie zur Seite ab in den Stall, in welchem der fünfjährige Halbbruder des Nanky, Seppy, schlief. Denn Nanky und Seppy, Bastardkinder des alten Hoango, waren diesem, besonders der letzte, dessen Mutter kürzlich gestorben war, sehr theuer; und da, selbst in dem Fall, daß man den gefangenen Jüngling befreite, der Rückzug an den Möwenweiher und die Flucht von dort nach Port au Prince, der sie sich anzuschließen gedachte, noch mancherlei Schwierigkeiten ausgesetzt war: so schloß sie nicht unrichtig, daß der Besitz beider Knaben, als einer Art von Unterpfand, dem Zuge, bei etwaniger Verfolgung der Negern, von großem Vortheil seyn würde. Es gelang ihr, den Knaben ungesehen aus seinem Bette zu heben, und in ihren Armen, halb schlafend, halb wachend, in das

6   ab] ab, *F s*
8   Seppy] Sappy *F s*
9   Seppy] Sappy *F s*
10 letzte] Letzte *s*
13 befreite] befreyte *s*

14 Möwenweiher] Möwenweyher *s*
16 mancherlei] mancherley *s*
18 beider] beyder *s*
19 bei] bey *s*
20 Negern] Neger *F s*   von großem] von *F s*

Hauptgebäude hinüberzutragen. Inzwischen war Herr Strömli, so heimlich, als es sich thun ließ, mit seinem Haufen in Hoango's Stubenthüre eingetreten; aber statt ihn und Babekan, wie er glaubte, im Bette zu finden, standen, durch das Geräusch geweckt, beide, obschon halbnackt und hülflos, in der Mitte des Zimmers da. Herr Strömli, indem er seine Büchse in die Hand nahm, rief: sie sollten sich ergeben, oder sie wären des Todes! doch Hoango, statt aller Antwort, riß ein Pistol von der Wand und platzte es, Herrn Strömli am Kopf streifend, unter die Menge los. Herrn Strömli's Haufen, auf dies Signal, fiel wüthend über ihn her; Hoango, nach einem zweiten Schuß, der einem Diener die Schulter durchbohrte, ward durch einen Säbelhieb an der Hand verwundet, und beide, Babekan und er, wurden niedergeworfen und mit Stricken am Gestell eines großen Tisches fest gebunden. Mittlerweile waren, durch die Schüsse geweckt, die Neger des Hoango, zwanzig und mehr an der Zahl, aus ihren

1	hinüberzutragen] hinüber zu tragen *s*	16	zweiten] zweyten *s*
4	eingetreten;] eingetreten: *s*	18	beide] Beide *F* Beyde *s*
6	beide] beyde *s*	19-21	wurden niedergeworfen und mit Stricken am Gestell eines großen Tisches fest gebunden] warf man nieder und band sie mit Stricken am Gestell eines großen Tisches fest *F s*
7	halbnackt] halb nackt *s*		
14	dies] dieß *s*		
15	her;] her: *s*		

Ställen hervorgestürzt, und drangen, da sie die alte Babekan im Hause schreien hörten, wüthend gegen dasselbe vor, um ihre Waffen wieder zu erobern. Vergebens postirte Herr Strömli, dessen Wunde von keiner Bedeutung war, seine Leute an die Fenster des Hauses, und ließ, um die Kerle im Zaum zu halten, mit Büchsen unter sie feuern; sie achteten zweier Todten nicht, die schon auf dem Hofe umher lagen, und waren im Begriff, Äxte und Brechstangen zu holen, um die Hausthür, welche Hr. Strömli verriegelt hatte, einzusprengen, als Toni, zitternd und bebend, den Knaben Seppy auf dem Arm, in Hoangos Zimmer trat. Herr Strömli, dem diese Erscheinung äußerst erwünscht war, riß ihr den Knaben vom Arm; er wandte sich, indem er seinen Hirschfänger zog, zu Hoango, und schwor, daß er den Jungen augenblicklich tödten würde, wenn er den Negern nicht zuriefe, von ihrem Vorhaben abzustehen. Hoango, dessen Kraft durch den Hieb über die drei Finger der Hand gebrochen war, und der sein eignes Leben, im Fall einer Weigerung, ausgesetzt haben würde, erwiederte nach einigen Bedenken, indem er sich vom Boden aufheben ließ: „daß er dies thun wolle;" er stellte sich, von Herrn Strömli geführt, an das Fenster, und mit einem Schnupftuch, das er in die linke Hand nahm, über den Hof hinauswinkend, rief er den Negern zu: „daß sie die Thür, indem es, sein Leben zu retten, keiner Hülfe bedürfe, unberührt lassen sollten und in ihre Ställe zurückkehren möchten!" Hierauf beruhigte sich der Kampf ein wenig; Hoango schickte, auf Verlangen Herrn Strömli's, einen im Hause eingefangenen Neger, mit der Wiederholung dieses Befehls, zu dem im Hofe noch verweilenden und sich berathschlagenden Haufen hinab; und da die Schwarzen, so wenig sie auch von der Sache begriffen, den Worten dieses förmlichen Bothschafters Folge leisten mußten, so gaben sie ihren Anschlag, zu dessen Ausführung schon Alles in Bereitschaft war, auf, und verfügten sich nach und nach, obschon murrend und

---

1   eignes Leben,] eigenes Leben *s*
2   erwiederte] erwiderte *F*
2-3 einigen] einigem *F s*

4   dies] dieß *s*
7-8 hinauswinkend] hinaus winkend *s*
15   Wiederholung] Wiederhohlung *s*

schimpfend, in ihre Ställe zurück. Herr Strömli, indem er dem Knaben Seppy vor den Augen Hoango's die Hände binden ließ, sagte diesem: „daß seine Absicht keine andere sey, als den Offizier, seinen Vetter aus der in der Pflanzung über ihn verhängten Haft zu befreien, und daß, wenn seiner Flucht nach Port au Prince keine Hindernisse in den Weg gelegt würden, weder für sein, Hoango's, noch für seiner Kinder Leben, die er ihm wiedergeben würde, etwas zu befürchten seyn würde. Babekan, welcher Toni sich näherte und zum Abschied in einer Rührung, die sie nicht unterdrücken konnte, die Hand geben wollte, stieß diese heftig von sich. Sie nannte sie eine Niederträchtige und Verrätherinn, und meinte, indem sie sich am Gestell des Tisches, an dem sie lag, umkehrte: die Rache Gottes würde sie, noch ehe sie ihrer Schandthat froh geworden, ereilen. Toni antwortete: „ich habe euch nicht verrathen; ich bin eine Weiße, und dem Jüngling, den ihr gefangen haltet, verlobt; ich gehöre zu dem Geschlecht

2   Seppy] Sappy *F s*
5   Offizier] Officier *s*   Vetter] Vetter, *s*
7   befreien] befreyen *s*
10   noch für] noch *F s*
18   umkehrte:] umkehrte; *s*

derer, mit denen ihr im offenen Kriege liegt, und werde vor Gott, daß ich mich auf ihre Seite stellte, zu verantworten wissen." Hierauf gab Herr Strömli dem Neger Hoango, den er zur Sicherheit wieder hatte fesseln und an die Pfosten der Thür festbinden lassen, eine Wache; er ließ den Diener, der, mit zersplittertem Schulterknochen, ohnmächtig am Boden lag, aufheben und wegtragen; und nachdem er dem Hoango noch gesagt hatte, daß er beide Kinder, den Nanky sowohl als den Seppy, nach Verlauf einiger Tage, in Sainte Lüze, wo die ersten französischen Vorposten stünden, abholen lassen könne, nahm er Toni, die, von mancherlei Gefühlen bestürmt, sich nicht enthalten konnte zu weinen, bei der Hand, und führte sie, unter den Flüchen Babekans und des alten Hoango, aus dem Schlafzimmer fort.

Inzwischen waren Adelbert und Gottfried, Hrn. Strömli's Söhne, schon nach Beendigung des ersten, an den Fenstern gefochtenen Hauptkampfs, auf Befehl des Vaters, in das

---

1	offenen] offnen *F s*		15	die,] die *s* mancherlei] mancherley *s*
7-8	zersplittertem] zerschmettertem *F s*		16	konnte] konnte, *F*
11	beide] beyde *s*		17	bei] bey *s*
12	Seppy] Sappy *F s*		18	Hoango,] Hoango *F s*
13	Sainte] Saint *s*		21	Hrn.] Herrn *s*
14	abholen] abhohlen *s*			

Zimmer ihres Vetters August geeilt, und waren glücklich genug gewesen, die beiden Schwarzen, die diesen bewachten, nach einem hartnäckigen Widerstand zu überwältigen. Der eine lag todt im Zimmer; der andere hatte sich mit einer schweren Schußwunde bis auf den Corridor hinausgeschleppt. Die Brüder, deren einer, der Ältere, dabei selbst, obschon nur leicht, am Schenkel verwundet worden war, banden den theuren lieben Vetter los: sie umarmten und küßten ihn, und forderten ihn jauchzend, indem sie ihm Gewehr und Waffen gaben, auf, ihnen nach dem vorderen Zimmer, in welchem, da der Sieg entschieden, Herr Strömli wahrscheinlich Alles schon zum Rückzug anordne, zu folgen. Aber Vetter August, halb im Bette aufgerichtet, drückte ihnen freundlich die Hand; im übrigen war er still und zerstreut, und statt die Pistolen, die sie ihm darreichten, zu ergreifen, hob er die Rechte, und strich sich, mit einem unaussprechlichen Ausdruck von Gram, damit über die Stirn. Die Jünglinge,

2 beiden] beyden *s*
5 eine] Eine *F s*   andere] Andere *F s*
7 hinausgeschleppt] hinaus geschleppt *F s*
8 einer] Einer *F s*   dabei] dabey *s*

11 los:] los; *F s*
15 Strömli wahrscheinlich] Strömli *F s*
19 übrigen] Übrigen *s*

die sich bei ihm niedergesetzt hatten, fragten: was ihm fehle? und schon, da er sie mit seinem Arm umschloß, und sich mit dem Kopf schweigend an die Schulter des Jüngern lehnte, wollte Adelbert sich erheben, um ihn im Wahn, daß ihn eine Ohnmacht anwandle, einen Trunk Wasser herbeiholen: als Toni, den Knaben Seppy auf dem Arm, an der Hand Herrn Strömli's, in das Zimmer trat. August wechselte bei diesem Anblick die Farbe; er hielt sich, indem er aufstand, als ob er umsinken wollte, an den Leibern der Freunde fest; und ehe die Jünglinge noch wußten, was er mit dem Pistol, das er ihnen jetzt aus der Hand nahm, anfangen wollte: drückte er dasselbe schon, knirschend vor Wuth, gegen Toni ab. Der Schuß war ihr mitten durch die Brust gegangen; und da sie, mit einem gebrochenen Laut des Schmerzes, noch einige Schritte gegen ihn that, und sodann, indem sie den Knaben an Herrn Strömli gab, vor ihm niedersank: schleuderte er das Pistol über sie, stieß sie mit dem Fuß von sich, und warf sich,

---

1 bei] bey *s*
4 Jüngern] Jüngeren *F s*
5 um ihn] und ihn *F*   und ihm, *s*
7 herbeiholen:] herbeiholen, *F*   herbeyhohlen, *s*
8 Seppy] Sappy *F s*
9 Herrn] Hrn. *s*
10 bei] bey *s*
12 wollte] wolle *F s*
15 wollte] wolle *F s*
18 sie,] sie; *s*   gebrochenen] abgebrochenen *F s*

indem er sie eine Hure nannte, wieder auf das Bette nieder. „Du ungeheurer Mensch!" riefen Herr Strömli und seine beiden Söhne. Die Jünglinge warfen sich über das Mädchen, und riefen, indem sie es aufhoben, einen der alten Diener herbei, der dem Zuge schon in manchen ähnlichen, verzweiflungsvollen Fällen die Hülfe eines Arztes geleistet hatte; aber das Mädchen, das sich mit der Hand krampfhaft die Wunde hielt, drückte die Freunde hinweg, und: „sagt ihm —!" stammelte sie röchelnd, auf ihn, der sie erschossen, hindeutend, und wiederholte: „sagt ihm — —!" „Was sollen wir ihm sagen? fragte Herr Strömli, da der Tod ihr die Sprache raubte. Adelbert und Gottfried standen auf und riefen dem unbegreiflich gräßlichen Mörder zu: ob er wisse, daß das Mädchen seine Retterinn sey; daß sie ihn liebe und daß es ihre Absicht gewesen sey, mit ihm, dem sie Alles, Eltern und Eigenthum, aufgeopfert, nach Port au Prince zu entfliehen? — Sie donnerten ihm: Gustav! in die Ohren, und fragten ihn: ob er

---

2 ungeheurer] unbesonnener *F s*
3 beiden] beyden *s* Söhne.] Söhne. (Der Schluß folgt.) *F*
3-4 ⟨In *s* neuer Absatz⟩
4 Die] Die Verlobung. (Schluß.) Die *F*
5 einen] Einen *F*
6 herbei] herbey *s*
8 hatte;] hatte, *s*
13 wiederholte] wiederhohlte *s*
14 sagen?] sagen?" *F s* Herr] Hr. *s*
20 Eltern] Ältern *s*
21 aufgeopfert] aufgeofert *E*

nichts höre? und schüttelten ihn und griffen ihn in die Haare, da er unempfindlich, und ohne auf sie zu achten, auf dem Bette lag. Gustav richtete sich auf. Er warf einen Blick auf das in seinem Blut sich wälzende Mädchen; und die Wuth, die diese That veranlaßt hatte, machte, auf natürliche Weise, einem Gefühl gemeinen Mitleidens Platz. Hr. Strömli, heiße Thränen auf sein Schnupftuch niederweinend, fragte: warum, Elender, hast du das gethan? Vetter Gustav, der von dem Bette aufgestanden war, und das Mädchen, indem er sich den Schweiß von der Stirn abwischte, betrachtete, antwortete: daß sie ihn schändlicher Weise zur Nachtzeit gebunden, und dem Neger Hoango übergeben habe. „Ach!" rief Toni, und streckte, mit einem unbeschreiblichen Blick, ihre Hand nach ihm aus: „dich, liebsten Freund, band ich, weil — —!" Aber sie konnte nicht reden und ihn auch mit der Hand nicht erreichen; sie fiel, mit einer plötzlichen Erschlaffung der Kraft, wieder auf den Schooß Herrn Strömli's zu-

1 nichts] nicht *F s*
2 ihn] ihm *F s*
8 Gefühl] Gefühle *s*
10 Elender,] Elender! *s*

18 Blick,] Blick; *s*
19-20 weil – –!"] weil – – *F*   weil – –" *s*
20 Aber] „Aber *F*

rück. Weshalb? fragte Gustav blaß, indem er zu ihr niederkniete. Herr Strömli, nach einer langen, nur durch das Röcheln Toni's unterbrochenen Pause, in welcher man vergebens auf eine Antwort von ihr gehofft hatte, nahm das Wort und sprach: weil, nach der Ankunft Hoango's, dich, Unglücklichen, zu retten, kein anderes Mittel war; weil sie den Kampf, den du unfehlbar eingegangen wärest, vermeiden, weil sie Zeit gewinnen wollte, bis wir, die wir schon vermöge ihrer Veranstaltung herbeieilten, deine Befreiung mit den Waffen in der Hand erzwingen konnten. Gustav legte die Hände vor sein Gesicht. Oh! rief er, ohne aufzusehen, und meinte, die Erde versänke unter seinen Füßen: ist das, was ihr mir sagt, wahr? Er legte seine Arme um ihren Leib und sah ihr mit jammervoll zerrissenem Herzen ins Gesicht. „Ach," rief Toni, und dies waren ihre letzten Worte: „du hättest mir nicht mißtrauen sollen!" Und damit hauchte sie ihre schöne Seele aus. Gustav raufte sich die Haare. Gewiß! sagte er, da ihn die Vettern

---

1 Weshalb] Weßhalb *s*
2 niederkniete] niederknieete *s*
7 dich, Unglücklichen,] dich Unglücklichen *F s*
12 herbeieilten] herbey eilten *s*   Befreiung] Befreyung *s*
17 wahr] gegründet *F s*
19 ins] in's *s*   dies] dieß *s*
22 sich] sich in *F s*

von der Leiche wegrissen: ich hätte dir nicht
mißtrauen sollen; denn du warst mir durch
einen Eidschwur verlobt, obschon wir keine
Worte darüber gewechselt hatten! Herr
Strömli drückte jammernd den Latz, der des
Mädchens Brust umschloß, nieder. Er ermunterte den Diener, der mit einigen unvoll-
kommenen Rettungs-Werkzeugen neben ihm
stand, die Kugel, die, wie er meinte, in dem
Brustknochen stecken müsse, auszuziehen;
aber alle Bemühung, wie gesagt, war vergebens, sie war von dem Blei ganz durchbohrt,
und ihre Seele schon zu besseren Sternen entflohn. — Inzwischen war Gustav ans Fenster
getreten; und während Herr Strömli und seine Söhne unter stillen Thränen berathschlag-
ten, was mit der Leiche anzufangen sey, und
ob man nicht die Mutter herbeirufen solle:
jagte Gustav sich die Kugel, womit das andere Pistol geladen war, durchs Hirn. Diese
neue Schreckensthat raubte den Verwandten
völlig alle Besinnung. Die Hülfe wandte sich
jetzt auf ihn; aber des Ärmsten Schädel war

10 Brustknochen] Rückenwirbel *F s*
11-12 vergebens, sie war von dem Blei ganz durchbohrt,] vergebens, *F s*
13-14 entflohn. –] entflohn. *F s*
14 ans] an's *F s*
16-17 berathschlagten] brrathschlagten *F*
18 herbeirufen] herbey rufen *s*
20 durchs] durch's *F s*

ganz zerschmettert, und hing, da er sich das Pistol in den Mund gesetzt hatte, zum Theil an den Wänden umher. Herr Strömli war der Erste, der sich wieder sammelte. Denn da der Tag schon ganz hell durch die Fenster schien, und auch Nachrichten einliefen, daß die Neger sich schon wieder auf dem Hofe zeigten: so blieb nichts übrig, als ungesäumt an den Rückzug zu denken. Man legte die beiden Leichen, die man nicht der muthwilligen Gewalt der Neger überlassen wollte, auf ein Brett, und nachdem die Büchsen von neuem geladen waren, brach der traurige Zug nach dem Möwenweiher auf. Herr Strömli, den Knaben Seppy auf dem Arm, ging voran; ihm folgten die beiden stärksten Diener, welche auf ihren Schultern die Leichen trugen; der Verwundete schwankte an einem Stabe hinterher; und Adelbert und Gottfried gingen mit gespannten Büchsen dem langsam fortschreitenden Leichenzuge zur Seite. Die Neger, da sie den Haufen so schwach erblickten, traten mit Spießen und Gabeln aus ihren

---

5 schien] schimmerte *F s*
6 und auch] und *F s*
9 beiden] beyden *s*
11 der] den *F*

12 Brett,] Brett; *F s*   neuem] Neuem *s*
14 Möwenweiher] Möwenweyher *s*
15 Seppy] Sappy *F s*
16 beiden] beyden *s*

Wohnungen hervor, und schienen Miene zu machen, angreifen zu wollen; aber Hoango, den man die Vorsicht beobachtet hatte, loszubinden, trat auf die Treppe des Hauses hinaus, und winkte den Negern, zu ruhen. „In Sainte Lüze!" rief er Herrn Strömli zu, der schon mit den Leichen unter dem Thorweg war. „In Sainte Lüze!" antwortete dieser: worauf der Zug, ohne verfolgt zu werden, auf das Feld hinauskam und die Waldung erreichte. Am Möwenweiher, wo man die Familie fand, grub man, unter vielen Thränen, den Leichen ein Grab; und nachdem man noch die Ringe, die sie an der Hand trugen, gewechselt hatte, senkte man sie unter stillen Gebeten in die Wohnungen des ewigen Friedens ein. Herr Strömli war glücklich genug, mit seiner Frau und seinen Kindern, fünf Tage darauf, Sainte Lüze zu erreichen, wo er die beiden Negerknaben, seinem Versprechen gemäß, zurückließ. Er traf kurz vor Anfang der Belagerung in Port au Prince ein, wo er noch auf den Wällen für die Sache der

3-4 loszubinden] los zu binden *s*
6 Herrn] Herr *E*
8 dieser:] dieser; *F s*
10 hinauskam] hinaus kam *s*
11 Möwenweiher] Möwenweyher *s*

16 Gebeten] Gebethen *s*   Wohnungen] Wohnung *F s*
17 Herr] Hr. *s*
20 beiden] beyden *s*
21 zurückließ] zurück ließ *s*

Weißen focht; und als die Stadt nach einer hartnäckigen Gegenwehr an den General Dessalines überging, rettete er sich mit dem französischen Heer auf die englische Flotte, von wo die Familie nach Europa überschiffte, und ohne weitere Unfälle ihr Vaterland, die Schweiz, erreichte. Herr Strömli kaufte sich daselbst mit dem Rest seines kleinen Vermögens, in der Gegend des Rigi, an; und noch im Jahr 1807 war unter den Büschen seines Gartens das Denkmaal zu sehen, das er Gustav, seinem Vetter, und der Verlobten desselben, der treuen Toni, hatte setzen lassen.

7 Schweiz] Schweitz *s*
11 Denkmaal] Denkmahl *s*   sehen] sehn *F*

13 ⟨Darunter in *F* und *s:*⟩ Heinrich von Kleist.

Siglen

E: Erzählungen. Von Heinrich von Kleist. Zweiter Theil. Die Verlobung in St. Domingo. Das Bettelweib von Locarno. Der Findling. Die heilige Cäcilie, oder die Gewalt der Musik. (Eine Legende.). Der Zweikampf. Berlin, in der Realschulbuchhandlung. 1811. 240 S. kl. 8°. — Darin: S. 1—85.

F: Der Freimüthige oder Berlinisches Unterhaltungsblatt für gebildete, unbefangene Leser. 25., 26., 28., 29., 30. März; 1., 2., 4., 5. April 1811. Nr. 60—68. S. 237—239; 242—244; 245—247; 250—251; 254—255; 257—260; 261—264; 266—267; 271—272. ⟨Titel:⟩ Die Verlobung.

s: Der Sammler. ⟨Wien⟩. 2., 4., 6., 11., 13., 16., 18., 20. Juli 1811. Nr. 79—81, 83—87. S. 311—313; 315—317; 319—321; 327—328; 331—333; 335—336; 339—342; 343—346. ⟨Titel:⟩ Die Verlobung.

Textkritische Zeichen

⟨...⟩ Textwiederholung

⟨Text⟩ Editorische Bemerkung

Zu dieser Ausgabe

I   Kleists Erzählung »Die Verlobung in St. Domingo« erschien zu Lebzeiten des Autors dreimal im Druck. Zunächst als Fortsetzungsgeschichte im März und April 1811 in der durch Kotzebue bekannt gewordenen, seit 1808 von August Kuhn herausgegebenen Berliner Zeitschrift »Der Freimüthige«. Sodann im Juli desselben Jahres, ebenfalls in Fortsetzungen, in dem Wiener Journal »Der Sammler«. Und schließlich, integral, als Eröffnungstext des zweiten Bandes der gesammelten »Erzählungen«, der im August 1811 im Verlag der Berliner Realschulbuchhandlung herauskam.

Entwürfe des Textes oder Kleistsche Manuskripte mit einer vollständigen Nieder- bzw. Reinschrift sind ebensowenig überliefert wie korrigierte Druckfahnen oder zeitgenössische Kopien von fremder Hand. Das Material der Textkonstitution besteht somit allein in den drei vorliegenden Drucken. Mangels Dokumenten brieflicher oder sonstiger Konvenienz läßt sich die textexterne Frage nach den Graden der Autorisation und der Art und Weise, wie Kleist seinen Text zum Druck befördert hat, nur vermutungsweise beantworten. Wahrscheinlich ist, daß der erste Druck, der im »Freimüthigen«, auf ein Manuskript von Kleists Hand zurückgeht. Die, wie ein Vergleich der drei Textabdrucke untereinander ergibt, große Sorgfalt, mit der Kleists Erzählung in Berlin gesetzt worden ist, sowie der Umstand, daß Kleist sich am Ort der Drucklegung aufhielt, möglicherweise also Korrektur lesen konnte, machen die Behauptung annehmbar, daß der Text des »Freimüthigen« im wesentlichen zuverlässig die Kleistsche Vorlage wiedergibt. Druckfehler sind selten, und selbst die für zeitgenössische Setzer sicherlich nicht einfach zu realisierende Interpunktion der Kleistschen Prosa ist, soweit erschließbar, getreulich reproduziert.

Hinsichtlich Interpunktion und Druckfehler gilt dies auch für den Druck der Erzählung in der Zeitschrift »Der Sammler«. Die Wahrscheinlichkeit spricht dafür, daß er nicht auf eine Handschrift zurückgeht, sondern direkt, diesen affirmierend, auf den Erstdruck im »Freimüthigen«. Wenn der Wiener Druck trotz dieser scheinbar wenig aufschlußreichen Filiation in den Apparatteil der Ausgabe aufgenommen wird, so hängt dies nicht allein damit zusammen, daß es u. a. deren Bestreben ist, den Bestand des zu Kleists Lebzeiten gedruckt vorliegenden Werkes der Öffentlichkeit wieder vollständig zugänglich zu machen: An ihm läßt sich studieren, wie sehr bereits damals die räumliche Entfernung zwischen Berlin und Wien zu Eingriffen in die Druckgestalt von *F* ermuntert hat, die den Kleistschen Text verstümmeln mußten. Hervorzuheben ist dabei die (mit wenigen Ausnahmen) von *s* kontinuierlich durchgeführte Auflösung von Verbkomposita, welche häufig schwerwiegende semantische Folgen hat; die Bemühung um Standardisierung der Orthographie; vor allem aber der Regreß in die konventionalisierte Großschreibung von »ihr«, »euer«, »euch« usw., der sich Kleists Text im »Freimüthigen« (wie dann auch in den »Erzählungen«) gerade entzogen hatte — eine vermeintliche Verbesserung des Textes, die sich bis in die Textkonstitution heutiger Ausgaben durchgehalten hat.

Der hier vorgelegte Text folgt im allgemeinen dem sorgfältigen Druck des zweiten Bandes der »Erzählungen«. Letzterem liegt aller Wahrscheinlichkeit nach eine von Kleist vorgenommene Überarbeitung des Textes anhand von *F* zugrunde. Die *auffälligste* Veränderung betrifft den Titel der Erzählung, der nicht mehr wie in *F* und *s* schlicht »Die Verlobung«, sondern, unter Hinzufügung einer Ortsangabe, nunmehr »Die Verlobung in

St. Domingo« lautet. Die wichtigste *unterlassene* Veränderung (wenn man so sagen kann) liegt in dem Umstand, daß Kleist in seiner Erzählung den anagrammatischen Wechsel des Namens der männlichen Hauptperson von »Gustav« zu »August«, der von F und s (nach ausdrücklicher Anweisung an den Setzer?), nicht aber von den folgenden Editionen des Kleistschen Textes, gleichermaßen wiedergegeben wird, auch in E beibehält (siehe oben S. 76₁, 83₁, 83₁₇, 84₉). Wer einen unbefangenen Zugang zu Kleists Dichtung sucht, wird sich mit diesem gewaltsamen Akt in der Faktur des Textes auseinanderzusetzen haben. Die hier vorgelegte Ausgabe unterdrückt ihn, wie das leider immer wieder geschehen ist, nicht. In der Literatur der Zeit findet er nicht seinesgleichen. Nimmt man ihn ernst, gibt er Gelegenheit, die Frage nach dem sog. Realismus der Kleistschen Texte neu zu stellen.

II Die vorliegende Ausgabe des Kleistschen Textes gibt die Orthographie und Zeichensetzung der drei Originaldrucke mit einer vollständigen Darstellung der Varianz wieder. Der Text jedes einzelnen Zeugen ist damit rekonstruierbar und für jede weitere Beschäftigung mit der Dichtung Kleists verfügbar gemacht. Kleists systematisch gesetzte Irritationen von stabilisierten Rezeptionserwartungen (Interpunktion, Behandlung von Anführungszeichen, Schreibung der Personalpronomina etc.) wurden im konstituierten Text durchgängig bewahrt, und das heißt in den meisten Fällen: wiederhergestellt. Der Seitenaufbau hält sich in Zeichen- und Zeilenzahl in etwa an den des Druckes aus dem zweiten Band der »Erzählungen« — was zur Konsequenz haben dürfte, daß langsamer und präziser der Kleistschen Syntax gefolgt werden kann, als das von anderen Ausgaben provoziert wird. Das Kolon als maßgebliche elementare Einheit der Syntax erhält so auch optisch seine Sprengkraft wieder, und es fällt leichter, sich der kunstvoll erzeugten immanenten Widersprüchlichkeit des Kleistschen Textes anzuvertrauen.

III Abweichungen von der Orthographie der Originaldrucke finden nur in zwei Fällen statt: 1. Umlaute werden grundsätzlich in der heute üblichen Weise wiedergegeben. — 2. Der in den Drucken mit Frakturschrift anzutreffende Unterschied zwischen langem und rundem »s« wird nicht reproduziert.

Heidelberg, 17. 1. 1988
Roland Reuß

Inhalt

Die Verlobung in St. Domingo   7
Siglen   92
Textkritische Zeichen   92
Zu dieser Ausgabe   93

CIP-Titelaufnahme der Deutschen Bibliothek

Kleist, Heinrich von:
Sämtliche Werke / H. v. Kleist. Hrsg. von Roland Reuß u.
Peter Staengle. – Berliner Ausg. – Basel ; Frankfurt am Main :
Stroemfeld/Roter Stern.
2, Prosa.
NE: Reuß, Roland [Hrsg.]; Kleist, Heinrich von: [Sammlung]

Bd. 4. Kleist, Heinrich von: Die Verlobung in St. Domingo. –
  1988

Kleist, Heinrich von:
Die Verlobung in St. Domingo / [H. v. Kleist]. Hrsg. von
Roland Reuß in Zusammenarb. mit Peter Staengle. – Basel;
Frankfurt am Main : Stroemfeld/Roter Stern, 1988
   (Sämtliche Werke / H. v. Kleist. Hrsg. von Roland Reuß u. Peter
   Staengle : 2, Prosa ; Bd. 4)
  Beil. u.d.T.: Berliner Kleist-Blätter ; 1
  ISBN 3-87877-352-8
NE: Reuß, Roland [Hrsg.]; Berliner Kleist-Blätter; HST

© 1988 Stroemfeld/Roter Stern
CH-4007 Basel · Oetlingerstr. 19
D-6000 Frankfurt am Main · Holzhausenstr. 4
Alle Rechte vorbehalten.
Gesamtherstellung: Fuldaer Verlagsanstalt
Printed in W. Germany
Bitte fordern Sie unsere kostenlose Programminformation an!